12 SAINETES PARA HARTARSE DE REÍR

Cedena, José
12 sainetes para hartarse de reír. - 1a ed. - Buenos Aires : Deauno.com, 2007.
308 p.; 21x15 cm.

ISBN 978-987-1462-11-7

1. Teatro Español. I. Título
CDD E862

contacto@elaleph.com
http://www.elaleph.com

Primera edición

ISBN 978-987-1462-11-7

Hecho el depósito que marca la Ley 11.723

José Cedena

12 SAINETES PARA HARTARSE DE REÍR

Sainetes con la premisa
de hacer mearse de risa

Sainetes diuréticos,
con vitaminas R, I, S, A

deauno.com

A todos los que han hecho posible que,
con su extraordinaria acogida
a los publicados anteriormente,
éste sea mi séptimo libro
que ve la luz en menos de tres años.

¡GRACIAS!

UN PALILLO "PAL" DIENTE

PERSONAJES

Ramiro
Camarero
Erineo
Piluca
Lisarda
Picio

(Se abre el telón. Decorados de una terraza de verano, con algunas mesas y unas sillas alrededor de cada mesa. Entra un cliente y se sienta a leer el periódico. Es un hombre bien vestido y muy serio. Da unas palmadas llamando al camarero.)

RAMIRO.– ¡Camareroo...!

CAMARERO.– *(Llega enseguida, muy diligente.)* Buenos días, señor. ¿Qué desea? Me permito ofrecerle nuestra amplia carta de raciones. *(Hablando muy deprisa).* Tenemos chopitos, bonito con tomate, venado, magro de cerdo, cochinillo, sepia, ensaladilla rusa, oreja, gambas al ajillo, gambas a la plancha, sesos de cordero, pulpo a la vinagreta, pulpo a la gallega, costillas adobadas... *(Termina la larga lista y espera la petición del cliente).*

RAMIRO.– Perdone, chopitos..., ¿y qué más?

CAMARERO.– *(Vuelve a repetir toda la retahíla de raciones.)* Chopitos, bonito...

RAMIRO.– Un café solo, por favor.

CAMARERO.- ¡Marchando una de café!

(Se va el camarero. Entra un nuevo cliente que se sienta en la mesa de al lado de Ramiro. Viste un tanto destartalado, pantalones muy caídos, camisa desabrochada enseñando una incipiente barriga y visera echada hacia atrás. Lleva un palillo en la boca y no parece un dechado de buenos modales precisamente).

ERINEO.– ¿Qué pasa, jefe, leyendo el papel? (*Ramiro esboza una sonrisa de asentimiento).* ¡Ná! Si no dicen na más que mentiras. (*Coge él un periódico que estaba encima de la mesa y se pone a hojearle).* Tos dicen lo mismo, ¡na más que chuminás! (*Saca otro palillo del bolsillo de la camisa.)* ¿Quié usté un palillo pal diente?

RAMIRO.– Perdone, ¿cómo dice?

ERINEO.– ¿Que si quiere usté un palillo pa hurgarse en los dientes? Es mu bueno pa no fumar.

RAMIRO.– ¡Ah...! No, gracias.

ERINEO.– No está usao, ¿eeehh?.., yo siempre llevo unos cuantos de repuesto. Desde que dejé de fumar me han venío al pelo. Hágame usté caso, deje usté el tabaco y múdese a los palillos.

(Ramiro sigue leyendo sin hacerle caso. Erineo canturrea una canción del Fari, mientras llega el camarero; deja el café a Ramiro y va hacia la otra mesa).

CAMARERO.– ¿Qué desea el señor?

ERINEO.– ¿Qué tienes por ahí, macho?

CAMARERO.– Pues tengo... (*Le suelta la misma retahíla de raciones de antes*).

ERINEO.– ¿Calamares no tienes?

CAMARERO.– Sí, señor, en su tinta, a la romana, a la plancha y rebozados.

ERINEO.– Pues ponme unos panchitos, que son más socorríos.

CAMARERO.– ¿Y de beber que le pongo, un vaso de casera?...Ya puestos a despilfarrar...

ERINEO.– ¡Anda...! Miá que cachondo el jodío... ¿Tienes cerveza sin alcohol?

CAMARERO.– Sí, señor, de tres marcas diferentes.

ERINEO.– Pues eso está mu bien, pero a mí me pones un vasito de vino, de estos de pelea.

(*Se va el camarero y Erineo vuelve a canturrear por el Fari*).

ERINEO.– Pues son mu buenos, que se lo digo yo...

RAMIRO.– ¿Cómo?

ERINEO.– Los palillos digo, que son mu buenos pal pulmón. Ya sabe usté el dicho ese: "Pal pulmón y pal bolsillo..., deja el cigarro y coge un palillo".

RAMIRO.– Vale, de acuerdo, me ha convencido, pero déjelo ya, por favor.

ERINEO.– Si a mí, a ver si me entiende usté, si a mi me da igual , si yo es por usté, que el tabaco es mu malo, que se lo digo yo.

RAMIRO.– Pero por favor, déjeme ya en paz, si yo no fumo.

ERINEO.– ¡Ah, coño! Eso ya es otra cosa. (*Pausa*). De toas formas un palillo viene mu bien; es mu entretenio, es higiénico...

RAMIRO.– ¡Déme usted un palillo, pero déjeme ya en paz!

ERINEO.– (*Se lo da.*) Verá usté como me lo agradece.

RAMIRO.– Sí, muchas gracias, pero déjeme ya leer a gusto, por favor.

ERINEO.– Lea, lea to lo que usté quiera..., pero sepa usté que no va a leer na más que tontás.

(Pausa. Suena el móvil de Ramiro. Lo coge.)

RAMIRO.– ¿Siii..? ... Dime cariño..., no, esta tarde no, por favor, que tengo mucho que hacer..., que no mujer..., pero, ¿no podemos ir otro día?... ¿y tiene que ser hoy precisamente?... Que no por favor... Pero..., escucha... Está bien, a las seis estoy allí..., ¡bueno, pues a las cinco!

ERINEO.– ¡Ná!... que se ha empeñao...

RAMIRO.– ¿Cómo dice?

ERINEO.– (*Que estaba escuchando la conversación.*) ¿La parienta, a que sí?... Son toas iguales... ¡Qué malas son las jodías! ¡Son toas mu malas...! Y se ha empeñao, ¿a que sí? Siempre hay que hacer lo que manden sus cojones. Si es que son mu malaaass... Malas, malas, malas..., son ¡mu malas!

RAMIRO.– ¡Bueno, vale ya!, la mala será la suya, hombre, que la mía es buena. Además qué le importa a usted. Ya está bien.

ERINEO.– Y encima la defiende. Que buenazo tié que ser usté..., bueno, más que buenazo, calzonazos. Pero ellas..., ellas son toas ¡mu ma-las!

(Entra una chica, Piluca, de muy buen ver, buscando una mesa libre.)

ERINEO.– Claro, que las hay que están ¡mu bue-nas!

PILUCA.– *(Saluda al sentarse.)* Muy buenas.

ERINEO.– *(Mirándola con descaro.)* Desde luego que sí, pero que ¡mu bue-nas!

(Erineo de vez en cuando emite un sonido repelente, "ggggggg", con la garganta, como si fuera a escupir. Piluca le mira de reojo, sin poder reprimir un gesto de asco.

ERINEO.– *(Acercándose a Ramiro, que no puede hacer otra cosa que soportarle.)* ¿Ha visto que gachí...? Y no hace más que mirarme. Yo no sé que las daré... ¡Camarero!, ¡camarero! *(Aparece el camarero)*. Ponme otro vinito de estos y a la señorita lo que quiera que la invito yo.

PILUCA.– *(Muy seca.)* No, gracias, se lo agradezco pero prefiero pagarme yo lo mío.

ERINEO.– (*Dando con el codo a Ramiro, que sigue aguantando el chaparrón.)* Se hace la estrecha, pero esa está ya en el bote.

RAMIRO.– (*Con sarcasmo.)* Sí, en cuanto la ofrezca usted... un "palillo pal diente", seguro que cae rendida en sus brazos.

ERINEO.– ¿A que si? Je, ie,... , pero vamos por partes, que a mi me gusta entrarlas poco a poco.

CAMARERO.– ¿Qué desea la señorita?

PILUCA.– Agua, por favor, una botella de agua.

CAMARERO.– ¿Con gas o sin gas?

PILUCA.– Sin gas, por favor.

ERINEO.– Pero cómo le vas a traer el agua con gas a la señorita, ¿pa que luego se pea?... Estos camareros de tres al cuarto no saben apreciar donde hay clase. Será posible el del gas... (*A Piluca.*) ¿Quié usté un palillo pal diente?

PILUCA.– ¿Eeehh?

ERINEO.– Pa que se hurgue usté en los dientes.

PILUCA.– No, gracias. (*Saca un libro del bolso y se pone a leer).*

ERINEO.– Le advierto que es mu entretenío. Y mu higiénico...

RAMIRO.– (*Con sarcasmo.)* Y "mu bueno... pal pulmón".

ERINEO.– Ve usté, este señor antes no quería ni a tiros y ya se ha convencío. Le digo yo a usté que un palillo es mu bueno pa tó..., pa tó, pa tó, pa tó...; hasta pa pinchar en el culo a la parienta cuando se da la vuelta y no quié coles, ¿eh?, ¿a que sí? *(A Ramiro, dándole otra vez con el codo.)*

(Ramiro no aguanta más y estalla. Se levanta y hace intención de clavarle el palillo en el corazón a Erineo.)

RAMIRO.– ¡Y hasta para clavárselo en el corazón a un "desgraciao", cuando ya le tiene a uno hasta los cojones!

(Ramiro se va, fuera de sí, mientras Erineo y Piluca se quedan estupefactos.)

ERINEO.– ¡Coño! Con lo educao que parecía y resulta que está loco perdío. Hay que joderse como te confunde a veces la gente ¿eeh?...

(Pausa. Erineo vuelve a hacer de nuevo el "ggggggg". Piluca le mira de reojo.)

ERINEO.–Y además que los llevo hasta sin usar casi tos... ¿Le doy uno o qué?

PILUCA.– Que no, señor, por favor, le he dicho ya que no.

(Llega el camarero con la botella de agua para Piluca y el vino para Erineo. Se lo sirve a cada uno)

ERINEO.– Pues usté se lo pierde. *(Al camarero.)* ¿Y usté quiere uno?

CAMARERO.– ¿El qué?

ERINEO.– Un palillo ..., pal diente.

CAMARERO.– ¡Ah!, no gracias. Tengo ahí todos los que quiero y no cojo ninguno.

ERINEO.– Pues mal hecho. Yo sí, yo sí que cojo de vez en cuando un puñao, por eso llevo siempre de repuesto. Nos ha jodío, pa una cosa que dan gratis...

(Se va el camarero. Pausa. Erineo se rasca sin ningún decoro por todas las partes de su cuerpo y vuelve a hacer el sonido tan desagradable de "ggggg"... Piluca le mira de nuevo con cierto asco.)

ERINEO.– *(A Piluca, de nuevo.)* Pues usté haga lo que quiera, pero ésto pa dejar de fumar es mano de santo.

PILUCA.– *(Visiblemente molesta ya.)* Yo no fumo, caballero.

ERINEO.– Bueno, pues pa seguir sin fumar también es mu bueno. ¿Quién le dice a usté que, un día de éstos, no le da un apretón, no tié un palillo a mano y coge el cigarro? ¿Eh...? Que casos de esos he visto yo a montones. En cambio yo, ya ve usté, casi un mes ya sin fumar y no me acuerdo del tabaco pa ná, pa ná, pa ná..., y tó gracias a los palillos.

PILUCA.– *(Resignada y abatida.)* Déme un palillo por favor, pero déjeme ya en paz.

ERINEO.– Ahora mismo, no faltaba más.

(Se le da. Pausa.)

ERINEO.– Fíjese usté lo que son las cosas, así de esta manera, ofreciéndole un palillo, conquisté yo a mi primera novia.

PILUCA.– Pues tenga bien seguro, que con éste no va a conquistar usted a la segunda.

ERINEO.– Deje, deje..., cualquiera sabe... Que ya sabe usté que nunca se puede decir "de esta agua no beberé" ni "ese cura no es mi padre".

(Se pone otra vez a cantar una canción del Fari.)

ERINEO.– ¡Como canta el Fari!..., ¿eh? Es mu feo el jodío, mu feo, pero hay que ver como canta. Yo tengo toas sus cintas.

(Piluca sigue leyendo sin hacerle caso.)

ERINEO.– ¿Qué lee usté...? Vamos, si se puede saber.

PILUCA.– Un libro de Juan José Benitez.

ERINEO.– ¡El Cordobés! ¡Ole! Como toreaba el jodío...Y ahora escribe libros también, de toros, claro... O sea que le gustan a usté los toros, como a mí,...

PILUCA.– Que no hombre, por Dios, es un libro de sucesos paranormales.

ERINEO.– ¿Pa normales ese...? ¿Qué escribe cosas pa normales...? ¡Amos no me jodas...! Pues tenía que escribir pa locos perdíos, como él, que estaba loco perdío. Si le viera usté haciendo el salto la rana... ¡Eh toro!... ¡Eeh! *(Escenificándolo.)* ¡Si estaba como una cabra...! Y ahora va y se pone a escribir cosas pa normalitos, ¡ala! (*Piluca le mira, alucinada, y sigue leyendo sin hacerle caso.*)

(*Llega una señora muy vieja, de las de todo de negro, pañuelo negro en la cabeza, chal negro, mandil chico gris con cuadros negros, en definitiva, como "doña Rogelia". Se sienta en la misma mesa de Piluca.*)

LISARDA.– ¿Me puedo sentar aquí, hermosa?

PILUCA.– Sí, señora, por supuesto.

LISARDA.– Güenas tardes, que no he dicho ná.

PILUCA.– Buenas tardes, señora.

ERINEO.– Mu buenas, doña Rogelia.

LISARDA.– De Rogelia nada, hermoso, Lisarda..., pa tus cuentas.

ERINEO.– ¡Me cagüen la leche...! Pero si es clavá la jodía a doña Rogelia.

LISARDA.– ¡Y dale...! (*A Piluca.*) ¿Este es idiota perdío o es que me lo paece a mí?
(*Piluca asiente con la cabeza.*) Pues como llegue a ir pa allá, le voy a meter la garrota por el culo y se la voy a subir a rosca hasta el pescuezo.

ERINEO.– (*Riendo sin parar.*) ¡Ostras...! ¡Qué auténtica la abuela!... ¡Qué raza...! Así me gustan a mí las viejas españolas. ¡Ole ahí sus ovarios! Tenga abuela, tenga, le voy a regalar un palillo pal diente, que se lo merece. (*Le da un palillo y Lisarda lo coge*).

LISARDA.– ¿Y pa qué quiero yo esto?

ERINEO.– Pa hurgarse en los dientes, coño. Va a ver usté que entretenío y que higiénico.

LISARDA.– Como me hurgue yo con esto entre los dientes..., me quedo sin ninguno. El otro día, me se engancho un cacho salchichón, tiré de él y me saqué un rencajo como mi dedo... Deja, déjame de palillos..., que, aunque podríos, todavía parten almendras.

ERINEO.– Pues solo déjeselo en la boca pa no fumar. ¿Fuma usté?

LISARDA.– No, hijo, no. Solo fumaba puros de los gordos, pero lo deje hace mucho tiempo. Mira, le voy a chupar solo un poco y luego te le doy pa ti, pa que le aproveches. (*Se le mete en la boca y empieza a chuparle*).

(*Piluca, se reprime la risa como puede.*)

LISARDA.– Bueno, y..., ¿aquí no hay camarero o qué pasa? ¡Camarero!... ¡Camarero!

(*Llega corriendo el camarero.*)

CAMARERO.– ¿Qué desea la señora?

LISARDA.– Pues no lo sé, hermoso, algo pa aclararme el gaznate y algo pa engañar un poco a las tripas.

CAMARERO.– Pues mire, tenemos chopitos, bonito... (*Le suelta toda la retahíla de raciones, mientras Lisarda alucina escuchándole.*)

LISARDA.– ¡La hostia...! ¿Y cuánto tiempo has estao estudiando pa aprenderte eso...? Si eso es más difícil que la lista los reyes godos. Sólo me acuerdo que tienes chopitos.

CAMARERO.– No importa, se lo digo otra vez, tenemos chopitos...(*Otra vez la retahíla.*)

LISARDA.– Mire, mire..., a mi me trae un cafetito y un par de churritos calentitos y voy que chuto.

CAMARERO.– No, lo siento señora, churros no tenemos.

LISARDA.– ¡La jodimos! Tantas cosas, tantas cosas..., y no tenéis lo más rico. Bueno pues tráeme unas galletitas pa ensoparlas.

CAMARERO.– ¿De cuál se las traigo, de María Fontaneda?

LISARDA.– Como si me las quieres traer de María Jiménez, que canta mejor.

ERINEO.– A mi tráeme ya otro pelotazo a la salú de la abuela.

CAMARERO.– ¡Marchando un pelotazo para el pelmazo...! Digo..., para el señor.

LISARDA.– ¿Sabes lo que te digo? Que ya estoy harta de mordisquear el palo éste. Toma, aprovéchalo tú que me da pena tirarlo. ¡Qué lástima de cosas!, con lo que cuesta tó. (*Se lo dá a Erineo que lo coge con mucho asco.*) ¡Hala! Sigue mascando tú, que ya te le tengo domao. (*Piluca, no puede reprimir la risa. Erineo aguanta el palillo, como con intención de metérsele en la boca, hasta que Lisarda deja de mirar, entonces le tira corriendo y se mete uno de los suyos con disimulo.*)

(Pausa. Lisarda mira a un lado y otro, con ganas de sacar conversación. Piluca sigue leyendo y Erineo se ha quedado tocado con lo del palillo y hojea el periódico de nuevo. Lisarda termina rompiendo el silencio.)

LISARDA.– ¡No habláis ná, leche! Paece esto un velatorio...

PILUCA.– Perdone, señora, es que estaba totalmente inmersa en la lectura, lo siento.

LISARDA.– No te preocupes, hermosa, tú sigue leyendo que eso es mu bueno pa cultivarse. Seguro que estás mu bien colocá en una oficina, ¿a que si?

PILUCA.– Sí, señora, trabajo en un banco. Ahora tengo unos días de vacaciones.

LISARDA.– Y no me llames señora, ¡leche!, llámame Lisarda.

PILUCA.– Encantada, Lisarda, yo me llamo Piluca.

LISARDA.– ¡Anda, coño! Te llamas como la mata de pelo que se coloca un sobrino mío en la cabeza, porque está calvo del tó.

PILUCA.– *(Riéndose.)* Ja, ja, ja... No, Peluca no..., Piluca.

LISARDA.– Pues eso... ¿Y tú? *(A Erineo.)* Tú no trabajas en una oficina, ¿a que no? Tú, con la pinta gandul que tienes, seguro que estás en el paro, ¿a que sí?

ERINEO.– Sí, señora, yo estoy en la empresa del gobierno. Y de gandul nada, ¡nos ha jodío...! Que pa eso he pagao antes, ahora me toca descansar.

LISARDA.– ¿Cómo te llamas tú, hermoso?

ERINEO.– ¿Yo...,? Erineo.

LISARDA.– (*Rompe a reir, sin parar.*) Erineo, ja, ja, ja, ja, ja ja, ja, ja, ja... Eri...neo... Ja, ja, ja..., corre, corre, que te meo..., ja, ja, ja, ja...

(*Piluca se ríe también con gana. A Erineo se le nota visiblemente molesto.*)

LISARDA.– (*Sin poder dejar de reír.*) Perdona..., hermoso..., perdona, ja, ja, ja..., pero es que ese nombre me hace mucha gracia...

(*Llega el camarero con el café, las galletas y el vino*).

CAMARERO.– ¿Qué le pasa, abuela? Se va a orinar usted.

LISARDA.– Ja, ja, ja..., pues eso, hermoso, pues eso..., ja, ja, ja..., que me meo..., con Erineo..., ja, ja, ja...(*De repente deja de reír, se toca la ropa...*) ¡Vamos...! Ahora me he meao de verdad. (*Se levanta y tiene todo el mandil completamente mojado.*) La que me has liao..., Erineo... ¡Ay que vergüenza...!

PILUCA.– (*Que no ha dejado todavía de reír.*) Vamos, no se preocupe, Lisarda, que estas cosas pasan.

LISARDA.– Sí..., pero no en un bar, leche.

(*El camarero, que ya ha terminado de servir, intenta ayudarla*).

CAMARERO.– ¿Le traigo algo para secarse, señora?

LISARDA.– No, hermoso, no, ya me lo aireo yo. (*Se coge el mandil con dos dedos de cada mano y empieza a airearle, lo que deja ver, un poco, los pololos blancos que lleva debajo, mientras aún se le escapan pequeñas risitas.*) Vamos, vamos y vamos..., la que ha liao el jodío Erineo..., la que ha liao.

ERINEO.– Sí, hombre, encima me va a echar a mí las culpas, no te jode. ¡Joder con la Rogelio...! ¡Que jodía...! Erineo, corre, corre, que te meo..., decía. Un poco más y sí que tengo que salir corriendo porque me mea de verdá...

(Lisarda sigue ventilándose con el mandil. Se presenta el camarero con un abanico.)

CAMARERO.– Tenga, señora, algo hará.

LISARDA.– ¡Ah!, mira, esto sí, muchas gracias, hermoso. (*Se abre de piernas, sentada, dejando caer los faldones para abajo, entremedias de la piernas y empieza a abanicarse.*) ¡Ala! Bien fresquito me se va a quedar el rengue...

(Piluca y el camarero no paran de reír, mientras Erineo no deja de mover la cabeza a un lado y otro. El camarero se va).

ERINEO.– ¡Esto me lo cuentan y no me lo creo!

PILUCA.– (*Levantándose.*) Bueno, yo tengo que marcharme. Muchas gracias Lisarda por el rato de risa que me ha hecho pasar.

ERINEO.– (*A Piluca.*) Oye, acuérdate de lo que te he dicho, que así conocí yo a mi primera novia... A ver si nos vemos otra vez por aquí..., y quién sabe...

PILUCA.– Vamos, no creo..., Erineo..., corre, corre, que te meo...,ja, ja, ja, ja...(*Se va.)*

LISARDA.– (*Rompe otra vez a reír.)* Ja, ja, ja, ja... No me jodas Peluca, no me jodas..., que me meo otra vez...

(Lisarda sigue abanicándose, Llega un señor mayor, con garrota, leyendo el periódico, mira, muy extrañado, como se abanica Lisarda y se sienta, sin decir nada, en la mesa que estuvo Ramiro.)

ERINEO.– No se asuste, jefe, no se asuste. Es que se ha meao, aquí Doña Rogelia, y se está secando. Tenga, ¿quiere usté un palillo pa hurgarse en los dientes?

(El hombre abre la boca y tiene un solo diente, Cabreado levanta la garrota amenazando a Erineo.)

PICIO.– ¿Y usted, quiere una garrota para rascarse los cojones?

ERINEO.– (*Cubriéndose con las manos y reprimiendo la risa.)* ¡Anda la hostia! Si no tiene na más que un piño.

LISARDA.– (*Sin dejar de abanicarse.)* Amos..., que tié usté una boca..., como pa comer turrón de almendra, de eso duro.

(Llega el camarero y enseguida va a decirle las raciones.)

CAMARERO.– Muy buenas, señor. Me permito recomendarle nuestra amplia gama de raciones. ... (*Erineo le corta súbitamente.)*

ERINEO.– Sesos..., sesos de cordero y va que chuta.

CAMARERO.– (*Se percata al verle abrir la boca y continua como puede.*) Pues..., tenemos..., sesos de cordero..., eeehhh..., sesos de cordero..., también tenemos..., sesos de cordero..., y..., sesos de cordero.

PICIO.– Pues no sé ..., no sé por cual decidirme... Me va a traer..., me va a traer, me va a traer..., unos sesos de cordero.

CAMARERO.– ¡Marchando una de sesos de cordero!

PICIO.– O si no, no, mejor no, que luego me dan acidez. Mejor me va a traer..., ¿tienen batidos de vainilla?

CAMARERO.– Sí, señor, por supuesto.

PICIO.– Pues me trae uno de chocolate.

CAMARERO.– ¡Marchando batido de chocolate!

PICIO.– Espere, espere..., mejor no, que luego me sienta mal el chocolate...¿Tienen Fanta de limón?

CAMARERO.– Sí, señor, tengo Fanta de limón, Trina de limón, Kas de limón, Swess de limón y hasta un tebeo de Mortadelo y Fi..., limón.

PICIO.– Pues me pone una Coca-Cola, por favor.

CAMARERO.– Marchando Coca-Cola. (*Aparte*) ¡La madre que le parió..., éste es más pelmazo todavía que el del palillo.

PICIO.– Espere, espere..., es que luego con la Coca-Cola no duermo... ¿Tiene zumo de naranja?

CAMARERO.– Sí, señor.

PICIO.– ¿Y de piña?

CAMARERO.– Sí, señor.

PICIO.– ¿Y de melocotón?

CAMARERO.– Sí..., señor.

PICIO.– ¿Y de tomate?

CAMARERO.– Sí..., ¡señor!

PICIO.– Pues tráigame un mosto, por favor.

CAMARERO.– Marchando un mosto para ¡el señor!

PICIO.– Espere, espere..., es que, con el mosto, me levanto mucho por la noche a orinar. ¿Que le pediría yo...?

CAMARERO.– Espere...(*Va hacia Erineo.)* Por favor déme un palillo "pal diente". (S*e lo da, y él se lo lleva a Picio.)* Tenga, chupe, chupe con gana, que esto no le va a dar acidez, ni le va a sentar mal, va a dormir de "puta madre" y ¡no se va a tener que levantar ni una sola vez a mear!

PICIO.– Pues también tiene usted razón. (*Se mete el palillo en la boca y se queda chupando tan contento).*

ERINEO.– Si es que no falla. Como decía mi tío Vicente: "pa complacer a un cliente..., dale un palillo "pal diente".

(De pronto, Picio empieza a hacer aspavientos, a ponerse rojo y a darse golpes en el pecho. Todos le miran alarmados.)

CAMARERO.– ¡Ahora se ha tragado el palillo el tío cabrón...!

ERINEO.– ¡Será jilipoyas...! ¡Pero a quién se le ocurre...!

LISARDA.– Como no tié dientes..., le habrá resbalao pa dentro, al hombre.

CAMARERO.– ¡Vamos a llevarle al hospital!

(Le coge uno de los brazos y otro de las piernas.)

ERINEO.– ¡Déjate el "rengue" pa luego y abanícale, Rogelia, que se nos va...!

CAMARERO.– ¡La madre que os parió..., a ti y a tu tío Vicente!

(Salen todos, el camarero y Erineo con Picio cogido y haciendo gestos de angustia, mientras Lisarda va abanicándole.)

Se cierra el telón

EL REY TIBURCIO BUSCA NOVIA

PERSONAJES

Bufón
Doña Sancha
Doña Berenguela
Doña Urraca
Marqués
Rey

Se oye música, medieval pero jocosa, y entra por la puerta del patio de butacas un bufón tocando la flauta, se para en medio de la sala y recita unos versos.

BUFÓN

Toda dama de buen porte
que preste mucha atención,
este bufón de la corte
os anuncia un notición.

Abrid bien esa orejilla
y escuchad bien este anuncio,
aquí mismo, en esta villa,
busca novia el Rey Tiburcio.

Arreglaos pues enseguida,
que el Rey viene para aquí
y, quien no fuere elegida,
que no se sienta afligida,
la que no quiera..., ¡pa mí!

(Hace mutis por la derecha. A continuación entran, también por la puerta principal del patio de butacas, el Rey y el Marqués, Don Baldomero. El Marqués se adelanta y habla en voz alta.)

DON BALDOMERO

¡Atención, pueblo, atención!
Quiere hablaros mi señor.

REY

Hoy viene a buscar esposa
este Rey, aquí presente,
solo exijo que sea hermosa,
sea noble y sea inteligente.
Aquella dama que estime
tiene al menos lo primero
le aconsejo que se anime,
da un braguetazo certero...
la dama a quien se le arrime
un rey soltero y entero.

DON BALDOMERO

A ver que dama se presta,
animaos señoras mías,
que una ocasión como ésta
no surge todos los días.

REY

Escuchad señor Marqués,
me gusta esa bella dama,
preguntadla que quién es
y si quisiera, tal vez,
compartir conmigo cama.

(Se intentará dirigir a una señora que tenga a su marido al lado, para que conteste que está casada.)

DON BALDOMERO

Decidme quién sois señora
y si me haréis el honor
de venir conmigo ahora
y casar con mi Señor.

(Si, como sería lo lógico, contesta que está casada, el marqués se va hacia el rey a comunicárselo.)

DON BALDOMERO

Majestad..., elección equivocada,
esa dama está casada.

REY

Pues eso no es un problema,
si por eso no ha venido...
nos cargamos al marido
y está arreglado el dilema.

(El rey se fija en otra mujer del público, esta vez que no esté acompañada de un hombre.)

REY

Esperad, señor marqués,
me gusta aquella también.

(El marqués se dirige a ella.)

DON BALDOMERO

Decidme, ¿me haríais el honor
de casar con mi señor?

(Si contesta que sí. Le indica la puerta por donde han entrado.)

DON BALDOMERO

Como hay más...,
que no sois sola,
poneos allí detrás,
pues tenéis que guardar cola.

(Si contesta que no.)

DON BALDOMERO

La he intentado convencer
pero me ha dicho que nones,
aunque está de muy buen ver
no le sale los...

REY

(Cortándole.) ¡Chssssttt...!
Señor marqués, por favor,
cuidad el vocabulario,
van a pensar que sois vos
más bien un poco ordinario.

(Hace mutis por la derecha.)

DON BALDOMERO

¿Alguna dama en la villa
quiere tener el honor
de casar con mi señor?
No es ninguna pesadilla...,
no es tan guapo como yo
pero tiene cierto morbo,
sin ser una maravilla...,
si que está "pa" echar un polvo.
(En todo caso, sustituir por: "si que está pa echar u...na canita al aire".)

(Hace mutis por la derecha y entran, por el mismos sitio, las tres damas: Doña Berenguela, Doña Sáncha y Doña Urraca)

DOÑA BERENGUELA

¿Seré yo la afortunada?

DOÑA SANCHA

¡No señora, de eso nada!

DOÑA BERENGUELA

¡Seré yo la afortunada!

DOÑA SANCHA

¡No señora, de eso nada!

DOÑA URRACA

Pues si que, ¡vaya un tormento!

parecen dos papagayos,
teniendo a este monumento...,
¡va a elegir a esos dos callos!

(Dirigiéndose a algún señor del público)

DOÑA URRACA

Decidme vos, sin complejos,
que tenéis pinta de listo,
¿quién de las tres es, de lejos,
la más bella que habéis visto?

(Si contesta que ella.)

DOÑA URRACA

Ya lo sabía de antemano,
está claro, por supuesto.
Muchas gracias cortesano,
vos también sois muy apuesto.

(Si contesta que una de las otras, o alguien de al lado dice que no.)

DOÑA URRACA

Estáis un poco cegato
será mamón este tío,
¡cuidaos bien el olfato...
que de vista andáis jodío!

(Hacen mutis por la derecha.)

Antes de abrir cortinas. Se oye música de flauta. Aparece el bufón tocando la flauta y comienza a recitar unos versos. Entre estrofa y estrofa salta y baila, mientras toca.

El Rey, Don Tiburcio cuarto,
se encuentra muy agobiado,
el pueblo empieza a estar harto
de que no se haya casado.

Y mosquea más cada día
que va siendo ya un carroza
y, a sus años todavía,
no haya conocido moza.

Que nadie pierda la calma
con los versos que pregono,
más, si el monarca la palma,
¿quién coños hereda el trono?

Por la corte se comenta
que va a entrar en los cuarenta
y, si no busca con ansia,
cuando se quiera dar cuenta
va a tener la... "pitopausia".

Y, puestos a comentar,
no falta ya quien comente
que no se quiere casar,
que está quedando patente
que es que pretende ocultar
que es de la acera de enfrente.

Y le han puesto un sobrenombre
que, aunque ya nada le asombre,
sí que le pone nervioso,
le llaman al pobre hombre
Tiburcio IV... el Dudoso.

En vista de la movida,
ha pensado: "es menester...
encontrar novia enseguida",
y le ha encargado a un marqués
busque dama por doquier,
una dama que coincida
sea noble y bien parecida
y quiera casar con él.

Y dicen que encontró tres,
tres damas de alto copete,
para que elija con quién...
decide echar un cohete...
al aire y hacer saber
que ¡por fin! habrá banquete.

Así que en esas estamos,
impaciente el reino entero,
y, aunque esperar esperamos,
sin querer ser agorero,
intuyo que nos quedamos
sin reina y sin heredero.

Pero pronto lo sabremos,
vamos a ver lo que hace
y, en breve, conoceremos
cual ha sido el desenlace.

Hace una reverencia, y se va. Se abren cortinas. Sala de armas del castillo del Rey Don Tiburcio IV el Dudoso. La escena permanece vacía. Se abre la puerta de la derecha y entran, sigilosas, Doña Sancha, Doña Berenguela y Doña Urraca.

DOÑA SANCHA
(Mujer grande, fea y con un trasero voluminoso.)

Pues la sala está vacía.

DOÑA BERENGUELA
(Dama gordita y no muy agraciada, por no decir nada agraciada. Mejor dicho..., feísima)

¡Ay que nervios, madre mía!

DOÑA URRACA
(Fea donde las haya, con gafas de culo de vaso y más mala leche que un mico.)

¡Uy, que pelma es esta tía!

DOÑA BERENGUELA

Desde que el Rey busca esposa
y mandaron a buscarme,
apenas si dormí nada,
no he pensado en otra cosa,
no hago más que preguntarme:
¿seré yo la afortunada?

DOÑA SANCHA

¡No señora!... De eso nada.
Perdonad, no os importe,
la elegida seré ¡yo!,
pues yo tengo mejor porte,
tengo más fama en la corte
y soy más guapa que vos.

DOÑA URRACA

¡Pues ninguna de las dos!
Por favor quitaos la venda.
Si tiene ojos en la cara...
la diferencia es tremenda,
es una cosa muy clara...
que la más guapa es la menda.

(Va a hablar Doña Sancha pero la corta y habla con chulería.)

Y aquí esta menda lerenda
a las dos os recomienda
no os hagáis ilusiones,
pues, si a mi me gusta el menda,
os digo...¡por mis cojones!
que ese es para la Briones
y no hay otra componenda.

DOÑA SANCHA

¡Rediez! Vaya reprimenda.
¡Pues lo veremos ahora!

DOÑA BERENGUELA

(Cada vez que pronuncia "be" o "ve", emite un balido repelente)

Lo veeeeeeremos, sí, señora.

(Por la izquierda entra Don Baldomero, Marqués de Lameculos)

DON BALDOMERO

Señoras, ¿ya habéis llegado?

DOÑA URRACA

¿Cómo lo habrá adivinado?
¡Qué hombre tan inteligente!

DON BALDOMERO

Bueno, estáis, es evidente.
Y ahora ya, aunque no quisiera
resultar impertinente,
por favor..., esperad fuera
pues lo creo más conveniente.

DOÑA BERENGUELA

Es que ya estoy impaciente.

DON BALDOMERO

Os llamo inmediatamente.
Tardará poco en llegar,
aún está en sus aposentos

pero en solo unos momentos
el Rey vendrá para acá.

Doña Sancha

¿Y por qué no viene ya?,
que ya estamos deseando.

Doña Urraca

¡A buscarle!...Y le decís
que le estamos esperando.

Don Baldomero

Puesto que tanto insistís,
os lo diré: ¡está cagando!

Doña Berenguela

Toda mi vida pensando...,
que los reyes no hacían caca.

Don Baldomero

Pues hace más que entre vos,
Doña Sancha y Doña Urraca.

(Da unas palmadas para acabar la conversación y hacerlas salir.)

Y basta ya de preguntas...,
y a esperar vuestra fortuna.

DOÑA SANCHA

¿Qué pasamos, las tres juntas?

DON BALDOMERO

Mejor pasad de una en una,
de la forma convenida
y en el orden convenido
y ya, cuando elija a alguna,
la que no sea la elegida
se irá por donde ha venido.

DOÑA URRACA

¿Y que orden hay convenido?
¿Y quién ha puesto esa norma?

DON BALDOMERO

Elegí yo de esta forma.
Dije de aquesta manera:
Doña Sancha..., vos primera,
vos segunda ..., Berenguela,
Doña Urraca..., vos tercera.

DOÑA URRACA

¡Anda..., tócate la pera!

DOÑA SANCHA

(Saliendo)

Este orden establecido
no es por pura coincidencia,
está claro que ha elegido
por orden de preferencia.

DOÑA BERENGUELA

(Va a salir pero se vuelve y se dirige a Don Baldomero)

¡Me domina la impaciencia!
Nunca estuve tan curiosa,
¡me pica ya el gusanillo!

DON BALDOMERO

(Aparte)

A ésta la pica otra cosa.

(A Doña Berenguela)

Esperad..., en el pasillo.

(Se va también Doña Berenguela y se queda Doña Urraca)

DOÑA URRACA

Pero yo Don Baldomero,
como vos habéis previsto

que mi puesto es el tercero
y os habéis pasao de listo,
propongo verle primero
y, una vez que le haya visto,
si no me gusta..., no espero.

DON BALDOMERO

No me deis más la matraca.
Si os ven pasar primero
van a decir que es la Urraca
pájaro de mal agüero.
Vamos pues, no pongáis peros.
Y Doña Urraca, además,
Cristo dijo que serán...,
los últimos ..., los primeros

DOÑA URRACA

Pues eso, pues a eso voy,
ahora habéis sido certero,
como la última yo soy,
es obvio Don Baldomero...,
¡tengo que pasar primero!

DON BALDOMERO

(Llevándosela)

¡Que no insistáis, que no quiero!

(Va a hablar Doña Urraca, pero le tapa la boca y termina echándola. Luego vuelve.)

¡Que no me habléis que no escucho!
Esperad como yo espero
que no tardaremos mucho.

(Entra el Rey por la izquierda.)

REY

¡Vive Dios! Don Baldomero.

DON BALDOMERO

Decidme, rey altanero.

REY

Necesito un heredero
y, si no encuentro una novia,
hay una cosa que es obvia,
me voy a quedar soltero.

DON BALDOMERO

¿Soltero vos, Majestad?
¡De eso nada Soberano!
habríanme de mutilar
si no consigo una mano
que quiera con vos casar.

REY

¿Es que no dicen , acaso,
que estoy en los treinta y tantos

y que yo ya no me caso...?
Y no hay duda que, a este paso,
me quedo "pa vestir santos".

DON BALDOMERO

Eso dicen unos cuantos,
que no saben lo que yo.

REY

Y también hablan de vos.

DON BALDOMERO

¿De mí que dicen señor?

REY

Dicen que no soy capaz
de echarme novia yo solo
y he tenido que mandar
a un pelotas a buscar
saltándome el protocolo.
Que a pesar que lo intenté
mis intentos fueron nulos,
por eso se lo encargué...,
al Marqués de Lameculos.

DON BALDOMERO

No hagáis caso de los bulos
que, al Marqués de Lameculos,
no hay cosa que más le importe
que a vos buscaros consorte
y busqué sin disimulos,
¡busqué por toda la corte!.

REY

¿Y visteis algo? ¡Pardiez!
¡No os andéis por las ramas!

DON BALDOMERO

Busqué entre todas las damas
y entre todas hallé tres.
Las tres de muy buena cuna
y del más alto linaje,
pensé: tres mejor que una,
las elegí..., y me las traje.

REY

¿Y están aquí en el castillo?

DON BALDOMERO

Esperando en el pasillo.

REY

¿En el pasillo...?¿Qué hacéis...?

DON BALDOMERO

Las hago pasar, las veis,
os gusta una..., la cogéis,
que no os gusta..., la anulo,
por eso no os preocupéis,
yo con mucho disimulo,
y antes que os enteréis,
la he "mandao" a tomar por culo.

REY

No me parece de ley.
Si las tratáis cual juguete
mi honor ponéis en un brete,
van a decir que este rey
es un poco cabroncete

DON BALDOMERO

¿Por qué? ¿Por esa chorrada?
Está todo controlado.
Quién no fuere la agraciada
se irá otra vez por su lado
y aquí no ha pasado nada.

REY

(Emocionándose.)

¡La barba tengo erizada!
traedme presto a la primera.

DON BALDOMERO

¡Que rosa de primavera!
Veréis..., es una monada.

(Entra con Doña Sancha y hace el saludo correspondiente al rey.)

DOÑA SANCHA

Majestad...

REY

(Poniendo cara de sorpresa desagradable.)

Pasad...
¿Quién sois vos bella señora?

DOÑA SANCHA

Os lo iba a decir ahora.
Soy Doña Sancha de Olalla
Marquesa de Sotoancho
hija de doña Pelaya
y de ese Marqués, Don Sancho,
al que apodaban el "Tralla"
por su ardor en la batalla.

REY

¿Qué vos sois hija del Tralla?
¿Aquel Marqués de Donostia,
irascible e iracundo

que, tan solo de una hostia,
mandó a seis al otro mundo?

DOÑA SANCHA

La misma, pero..., un segundo...,
no fueron seis, fueron siete,
según dijo Don Facundo,
Duque de Portugalete,
que hizo un estudio profundo
de aquella hazaña en Algete.

REY

(Con recelo)

¿Y vos sois quizá señora...,
tan fiera cual el Marqués?

DOÑA SANCHA

Yo soy más aún que él.

REY

(Con miedo)

¿Si vos... sois...aún más fiera?
señora..., miedo me dais...,
pues si algún motivo hubiera
y conmigo os cabreáis ...,
me veo con los dientes fuera.

DOÑA SANCHA

No habéis de temer señor
que, a quién conmigo casara,
le daría todo mi amor,
mi vida entera entregara...
Eso sí, si me engañara...,
sin el mínimo pudor
de seguro..., ¡le capara!

REY

(Asustado, tapándose enseguida ciertas partes.)

Pues, si..., no os importara
esperar en el pasillo...

DOÑA SANCHA

(Yéndose)

No importa..., si no tardara.

REY

Tan solo será un ratillo.

DON BALDOMERO

¿Qué os pareció el portento?

REY

Pues mirad..., pues parecióme...,
si digo otra cosa miento,
la verdad..., ¡acojonóme!
permitidme que no tome
por esposa a ese jumento.

DON BALDOMERO

Más de cuerpo..., no negóme,
¡se trata de un monumento!

REY

Si esa un monumento fuese
en el nombre, en vez de Sancha,
habría que quitar la ese,
debería ponerse...,"Ancha". (*Haciendo con las manos señales de caderas muy anchas.)*
Y en vez de...,"de Sotoancho"
otro tendría de tener,
esa hija de Don Sancho,
su título habría de ser
Marquesa "de Ojete...ancho" (*Haciendo también indicaciones de culo gordo.)*

DON BALDOMERO

Pues yo quedóme tan pancho,
parecióme..., muy potente.
En fin, cambiemos el gancho,
¿hago pasar la siguiente?

REY

Sí, que pase inmediatamente.

(Entra con Doña Berenguela, que saluda al rey muy emocionada.)

DOÑA BERENGUELA

Veeeeengo a veeeeros mi señor
y veeeeros es un primor
pues no sabéis la ilusión
que, a una dama como yo,
produce veeeeros a vos.

REY

(Atónito oyéndola balar)

Pues veeeeeeamos..., ¿quién sois vos?

DOÑA BERENGUELA

Beeeerenguela de Cadabra
Duquesa de Torrejón
y, por la gracia de Dios,
también Marquesa de Cabra.

REY

(Aparte)

¡Ah coño! Ya decía yo.

(A Berenguela)

Me suena eso de Cadabra.
¿Fue vuestro padre, tal vez,
quien pronunció esa palabra
y, de una forma macabra,
se abrió una gruta a sus pies?

DOÑA BERENGUELA

(Esbozando una risita.)

No por favor, Majestad...,
ese fue... Ali-Babá

REY

Y bien, pues vos me diréis,
hablando ya de otra cosa,
decidme ¿por qué queréis...,
o no queréis, ser mi esposa?

DOÑA BERENGUELA

¡Pero que cosas tenéis...!
¡pues claro!...,¡estoy deseosa...!
porque aquí, donde me veeeeis,
por casarme estoy ansiosa
y, si queréis, no dudéis..
que vos mi esposo seréis
y yo seré vuestra esposa.

REY

(Queriéndosela quitar de encima)

Berenguela..., sois hermosa,
vuestra hermosura no es poca
pero ahí fuera hay otra "rosa"
y creo..., que ya la toca.

DOÑA BERENGUELA

¿Qué decís? ¡Me vuelvo loca!
Si pensáis que soy hermosa...,
agua se me hace la boca
y hasta el culo gaseosa.

REY

Pues eso muy rara cosa,
¡muy rara! os lo aseguro.

DOÑA BERENGUELA

Pues es veeeeerdad..., os lo juro.

REY

(Se levanta con indicios de estarse orinando)

Perdonadme si soy duro
y os corto la palabra.
Permitidme que me "abra", (*Hace señales de irse, dándose con una mano en la otra.)*
si no, me cago seguro.

(Casi echándola, indica a Don Baldomero que la abra y se la lleve.)

Adiós, Marquesa de Cabra,
por favor..., abra a... Cadabra.

(De pronto, la puerta se abre sola.)

DON BALDOMERO

(Asombrado)

¡Joder macho!..., como mola,
se abrió la puerta sin llave,
dijo la palabra clave...,
y se abrió la puerta sola.

DOÑA URRACA

(Sale Doña Berenguela y asoma por la puerta Doña Urraca.)

¡Que coño se va a abrir sola!
Fui yo quien abrió a esa foca,
no aguanto más en la cola
¿me toca ya o no me toca?

DON BALDOMERO

¡Doña Urraca! ¿Es que estáis loca?
Esperad solo un momento,
cerrad un rato la boca
y no me deis más tormento.

(Se la lleva fuera y vuelve.)

DON BALDOMERO

(Con tono pícaro, con satisfacción.)

¿Y ésta que...?
Ésta si os gustó un poco...

REY

Pero vos...,¿es que estáis loco?
Es tonta, salida y fea,
y encima, si fuera poco,
para más INRI..., berrea.

DON BALDOMERO

(Se queda pensativo.)

Berrear..., si berreaba,
la verdad..., berreaba mucho.

(Más resuelto)

Menos mal que no ladraba...,
porque era más fea que un chucho.

(Dirigiéndose ya al rey)

En fin, vamos al asunto,
¿aviso ya a la tercera?

REY

Avisadla, aunque barrunto
que ésta va a ser la repera,
pues mirando desde el punto
de que la segunda aún era...,
mucho peor que la primera,
deduciendo, me pregunto:
¿cómo será la sobrera?

DON BALDOMERO

Pues que sea lo que Dios quiera
y vamos a ver si hay suerte.

REY

Peor que la borra y la fiera...,
¡antes prefiero la muerte!.

(Sale Don Baldomero y entra con Doña Urraca. Sin saludar, se dirige al Rey, le mira de arriba abajo y se dirige a Don Baldomero.)

DOÑA URRACA

¿Éste es el Rey? ¡No me gusta!

(Le mira otra vez.)

Si le miras bien te asusta
¡tiene cara de borrego!

DON BALDOMERO

¡Comportaos!..., os lo ruego,
por favor, sed más amable.

DOÑA URRACA

¿No tenéis algún labriego
que esté un poco más potable?

DON BALDOMERO

Doña Urraca..., ¡más respeto!

(Tocándose con el dedo en la sien, como pidiéndola que razone.)

que es el monarca..., ¡cordura!

DOÑA URRACA

Pues yo, con ese careto,
no le quiero ni en pintura.

REY

(Que hasta ahora había observado estupefacto, explota rabioso.)

Decidme raudo Marqués
que mi rabia se acentúa,
explicadme bien quién es
esta horrible cacatúa.

DOÑA URRACA

¿Cacatúa dijo el macaco...?
Soy Doña Urraca Briones
y Rodríguez del Barraco,
Condesa de Romanotes,
Baronesa de Quiñónes
y Duquesa de Bultaco ,
sobrina de Don Rodrigo,
el mayor de los valientes,
y prima de los Moñigo
y los Gómez de Morientes...

REY

¡Parad!

(Doña Urraca hace intención de seguir)

¡Que paréis os digo!
Dejad de nombrar parientes.

DOÑA URRACA

Puesto que eso decidís,
más parientes ya no digo
porque vos Rey lo impedís,
pero los voy a decir
¡cuando me salga del higo!.

REY

¿A que habéis venido aquí?

(Calla Doña Urraca)

¿Qué a qué habéis venido digo?

DOÑA URRACA

Pues vine..., a elegir marido.

REY

¿A elegir marido vos?

DOÑA URRACA

A elegirlo..., ¡sí, Señor!

REY

¡Aquí solo elijo yo!...,
que para eso soy el Rey
y soy un Rey cojonudo.

DOÑA URRACA

Pues con esa cara buey,
Majestad, lo tenéis crudo.

REY

¡Me está sacando de quicio!
Cómo puede hablar la tía
de aquesta carita mía *(Se toca la cara con orgullo.)*
si es mucho más fea que Picio.

DOÑA URRACA

¿Fea yo? ¡Si estoy de vicio!
Tengo encanto natural,
estoy más buena que el pan
y no tengo desperdicio.

REY

Me está dejando perplejo.
Acaso no tendrá espejo
o es que quiere que la eche
o, como dijo aquel viejo,
ve menos que Pepe Leche.

DOÑA URRACA

Veo mejor que vos con creces
y espejo, ¡claro que tengo!,
y para oír jilipoyeces...,
me podéis echar cien veces
que yo, si lo sé, no vengo.

REY

(Al Marqués de Lameculos)

Llevaos ya a Doña Urraca,
¡pronto! ¡ya! que no la vea
que, como coja una estaca,
va a saber esta tía fea
que, cuando el Rey se cabrea,
es más bruto que una vaca.

DOÑA URRACA

(Según se va)

¡Que ya me voy , "cara peo"!
Nunca vi yo un Rey sin joyas,
si no lo veo no lo creo,
que, además de ser tan feo,
es encima..., jilipoyas.

DON BALDOMERO

(Con mucho recelo.)

¿Tenéis..., algo..., que decir?

REY

Tengo que decir..., y digo,
con todas las de la ley,
que os habéis "quedao" conmigo,
vos no sois un buen amigo,
ninguna es digna de un rey.
Ni de un rey..., ni de un lacayo,
me habéis traído tres de un golpe
y las tres eran un cayo.

DON BALDOMERO

Si que estuve un poco torpe...

(Indicando con las manos que si las echa.)

¿Las digo que..., ya o me callo?
¿Las puedo dar la boleta?

REY

¡Mándadlas a hacer puñetas!

(Sale Don Baldomero)

Mi pecho clama venganza
por tamaña humillación

(Se queda pensativo y sonrie)

y ..., tengo alguna esperanza
de, actuando con templanza,
vengarme de ese cabrón.

(Llama a Don Baldomero)

Señor Marqués venid pronto,
venid pronto por favor.

(Entra deprisa)

DON BALDOMERO

¿Me habéis llamado, Señor?

REY

Querido Don Baldomero
ya tome una decisión,

(La cara se le alegra al Marqués, pero cambia de color cuando el Rey comienza a hablar afeminado.)

ya no quiero un heredero,
ahora tengo otra ilusión,
pues me dice el corazón
que sois vos a quien yo quiero.

(Se va hacia él melosamente, mientras el Marqués le rehuye como puede)

DON BALDOMERO

Mi Señor..., pero primero,
han de estar vuestros deberes,
debéis buscar sucesor.

REY

Cogí horror a las mujeres...,
sucédeme tú..., mi amor.

DON BALDOMERO

Pero en estos menesteres...,
yo no trago..., ¡por favor!

REY

(Acosándole)

Venid aquí picaruelo,
que quiero haceros feliz,

revolcaros por el suelo
y vos revolcarme a mí.

DON BALDOMERO

En cumplir vuestros deseos
sabéis que siempre me esmero,
pero a mi estos regodeos...,
no voy a andar con rodeos
y ..., ¡pies para que os quiero!

(Sale corriendo y el Rey detrás de él.)

REY

No corráis de mí, pendejo,
¡quiero clavaros el rejo!

(Salen.)

Fin del sainete

LA PLUMA DEL REY

PERSONAJES

Juglar
Reina
Doña Obdulia
Doña Ulrica
Capitán
Rey

(Antes de abrirse el telón, entran por el patio de butacas el juglar, el rey, la reina, Doña Ulrica y Doña Obdulia. El juglar va tocando el laúd y cantando un bolero, detrás el rey y la reina saludando, como suelen saludar los reyes, con una mano, y detrás Doña Ulrica y Doña Obdulia, hablando entre ellas.)

REY
(Muy amanerado)

¡Buenas noches cortesanos...!
Os saluda vuestro rey
y, además, ¡con las dos manos!

(Se pone a saludar, muy efusivo, con las dos manos. Repara en alguna pareja que haya en la sala y se dirige a la mujer)

Señora, ¡que bien vestida!
tiráis de ropita cara...
¿Os lo habéis hecho a medida
o la habéis comprado en Zara?

(Una vez que la mujer conteste, continúa)

Y, este chico tan apuesto,
¿también os lo habéis comprado...?

Decid, ¿dónde venden esto?...,
que voy corriendo al mercado.

(Siguen para adelante, seguidos de Doña Ulrica y Doña Obdulia)

REINA

¡Qué calvario me dio Dios!
¡qué penitencia me puso!
tenerme que casar yo...,
¡con un rey mariquituso!

DOÑA OBDULIA

Id más despacio Ulriquilla,
quiero ver bien el ganado,
que, antes de irme de esta villa,
tengo que haberme casado.

DOÑA ULRICA

(Levantando la cabeza para ver al juglar)

Si es que yo ya lo he encontrado,
no necesito buscar,
pues ya tengo el ojo echado
a Bartolillo, el juglar.

(Entran todos por la derecha. Al rato aparece el capitán Borrego, nervioso y sofocado.)

CAPITÁN

¡Escuchadme buena gente!
¿Habéis visto hace un ratito
un rey muy poco corriente,
con pinta de "modosito"...,
o de la acera de enfrente?

(Esperará a que le contesten. Y una vez hayan contestado, continúa.)

¡Dejad ya de hacer el tonto!,
por favor buscad conmigo,
tengo que encontrarle pronto,
¡nos ataca el enemigo!

(Se va deprisa, entrando también por la derecha.)

(Se abre el telón. En escena la reina y dos damas mirando ensimismadas a un juglar tocando el laúd y cantando en tono medieval: "Besádme, besádme mucho...". La reina habla con sus damas.)

REINA

(Suspirando profundamente)

¡Aayyy..., que bueno está el jodío!
Cada vez que veo al juglar
se me pone un sudor frío
que me hace hasta tiritar,
no sé que tendrá este tío
que no se puede aguantar.

DOÑA ULRICA

No me extraña majestad
porque yo, en cuanto le veo,
rompo enseguida a sudar
y me sube un hormigueo
desde el chichi al paladar.

REINA

Terminad de relatar...,
relatádmelo con calma...

DOÑA ULRICA

Me dan ganas de gritar,
creo que me duele hasta el alma.

REINA

Igual que a mí, Doña Ulrica,
pero a mí más que dolerme...,
más que dolerme..., me pica.

DOÑA ULRICA

Perdonadme que me asombre,
mi Señora..., no es por nada,
yo no he conocido hombre...,
y vos sois reina..., y casada.

DOÑA OBDULIA

Ya soltó esta la chorrada.
¡Pues si la pica, la pica!
No te jode aquí la Ulrica...
Que importa que esté casada
si su marido es marica.

REINA

¿Qué opináis vos Doña Obdulia,
esto es amor o es lujuria?

DOÑA OBDULIA

Pues ni es amor ni es lujuria,
tenéis que tener paciencia,
pues me dice la experiencia
que eso más bien es penuria
del síndrome de abstinencia.

REINA

Haremos caso a la ciencia,
vos conocéis a conciencia
mucho de amores fallidos
después de siete maridos
y ninguna descendencia.

(Entra el Rey, que, como es de suponer, pierde más aceite que el Prestige.)

REY

(Canturreando)

¡Hola, hola, hola...hola!
Ya veo que no estáis sola...

(Doña Ulrica y Doña Obdulia se levantan y saludan.)

DOÑA ULRICA Y DOÑA OBDULIA

Majestad...

REY

Descansad.

(Repara en el vestido de Doña Obdulia)

¡Ay por favor..., qué vestido!
Que tejido tan precioso...
que burdeos tan socorrido
que escote tan vaporoso.

(La examina de arriba abajo.)

Doña Obdulia..., ¿quién os cose?
¡Ay! decídmelo enseguida,
ese sastre es la acabose,
le contrato de por vida.

DOÑA OBDULIA

Pues siento decepcionaros,
Majestad, aunque os duela,
tengo que comunicaros...,
que lo heredé de mi abuela.

REY

¡Jope!..., que desesperante.

(Repara en Doña Ulrica)

Doña Ulrica..., ¡qué elegante!
¡ay por favor..., qué bordados!
y estos encajes dorados...,
qué bies tan alucinante.

(La sigue examinando entera.)

Ay, dejadme que lo huela
y decid quién os lo ha hecho
y no digáis, que no cuela,
que también es, por derecho,
herencia de vuestra abuela.

DOÑA ULRICA

No, señor, no es heredado,
yo tan solo heredé alhajas,
pero no es hecho..., es comprado,
lo compré en unas rebajas
y además muy rebajado.

REY

Me habéis desilusionado.
Al verlo con tanto brillo...
engañóme lo que vi.

(Al volverse ve al juglar.)

¡Pero qué veo..., Bartolillo!
vos también estáis aquí.

(Dándole azotitos en el culo.)

Pero que juglar tan pillo...,
cantad algo para mí.

REINA

(Con retintín.)

Dejad quieta la manita...,
que las manos van al pan.

(Vuelve la cabeza para hacer un aparte.)

Ay por Dios, que mariquita.

(Al rey de nuevo.)

Veníos ya aquí a sentar.

REY

¿Por qué será que los reyes
tengan que tener esposas?
Habría que cambiar las leyes

(mirando a Bartolillo)

habiendo hombres como rosas.

(Se sienta. El juglar canta mientras todos le escuchan embelesados.)

BARTOLILLO

(Cantando.)

Esta tarde vi llover
vi gente correr
y no estabais vos...

REY

Claro, pues si me quedo me mojo.

(El juglar se ruboriza.)

REINA

Callad, que se pone rojo.

(Entra el Capitán Borrego.)

CAPITÁN

Majestad.

REY

Pasad.

(El capitán avanza hasta el trono mientras el rey sigue escuchando al juglar de cantar).

CAPITÁN

(Rogando.)

Escuchad.

REY

Esperad.

CAPITÁN

Mi señor, que es muy urgente.

REY

¡Ay, por favor..., que impaciente!
Escuchad que bien recita,

(mira al capitán, se incorpora un poco y le quita una mota del hombro)

perdonad..., una motita.

(El juglar sigue cantando bajito.)

CAPITÁN

Escuchadme os lo ruego.

REY

Vaaaale..., capitán Borrego.
Decidme pues, ¿qué hay de nuevo?

CAPITÁN

Traigo noticias de Flandes.

REY

¿De flan..., de qué?

CAPITÁN

De flan de huevo,
digo..., de Flandes,
y es un asunto muy grave.

REY

Esperaos a que acabe.

CAPITÁN

Que es un tema delicado...

REY

¡Ay, por favor..., que pesado!

(Termina el juglar de cantar.)

¡Hala!..., que ya ha terminado.
Decid, ¿cuál es el recado
que hasta aquí os ha traído?

CAPITÁN

Un tema grave de estado.

REY

¡Jopé macho..., que aburrido!
Vaya perra habéis cogido...,
¡una perra de esas grandes!

CAPITÁN

Que no he cogido una perra...,
¡que nos declaran la guerra!
a nosotros los de Flandes.

REY

¿Los de Flandes a nosotros?
Pero, ¿y que les hemos hecho?
¡Ay!, que cuadrilla de potros.
Ya os oí, ¿satisfecho?

CAPITÁN

Pero es que están al acecho,
por favor sed mas juicioso

REY

Pues partid ya presuroso.
Decidles que el rey se aferra
a ese lema tan famoso:
"Haz el amor no la guerra"

CAPITÁN

Pero señor, por favor,
se van a cachondear,
si ellos no quieren amor
sólo quieren guerrear.

REY

Pues a ver como se apañan
Pues como el refrán refiere:
"Si uno no quiere...,
dos no regañan"
Y, si se ponen traviesos,

vos cambiáis todas sus normas,
si os tiran muchas bombas
vos les tiráis muchos besos.

CAPITÁN

Vos no conocéis a esos,
esos son unos tunantes
nos van a dar un repaso...

REY

Pues nosotros tan campantes,
no les hagamos ni caso
a ver quién se cansa antes.

(El capitán intenta hablar, pero le corta.)

Y vale ya..., vale..., va,
basta de hablar de violencia.
Decidme, ¿llegaron ya
esas telas de Florencia?

CAPITÁN

Si mi señor, han llegado,
ya están aquí en el castillo.

REY

Y no me habéis avisado,
que cruel sois Borreguillo.
Venid todas a mi lado

y vos también Bartolillo.

(Se quedan solos el capitán y Doña Obdulia.)

DOÑA OBDULIA

Contestadme vos buen hombre
que os veo un poco abatido
¿lo de Borrego es de nombre?

CAPITÁN

No señora, es de apellido.

DOÑA OBDULIA

Que apellido tan jodido,
pero bueno, al fin y al cabo,
tendréis nombre..., conocido.

CAPITÁN

Mi primer nombre es Gustavo.

DOÑA OBDULIA

(Se ríe.)

¡Gustavo!..., como la rana,
perdonadme os lo ruego
pero hacen pareja rara...,
la rana con el borrego.

CAPITÁN

¡Vive Dios!..., ¿a que la pego?
Señora, sois muy ufana,
muy graciosa, no lo niego,
pero es que yo, esta mañana,
no tengo ganas de juego.

DOÑA OBDULIA

Eso lo nota hasta un ciego.
Y al veros con esa furia
noté tal desasosiego
que, entonces, me dije: "Obdulia,
hay que animar a Borrego"

CAPITÁN

Pues señora, desde luego,
muy poco habéis conseguido.

DOÑA OBDULIA

Y de segundo apellido...,
¿cómo sois mi capitán?

CAPITÁN

¿Me vais a dejar en paz
una vez que lo haya dicho?

DOÑA OBDULIA

Por una casualidad..., (*con risita reprimida*)
¿no será también un bicho?

CAPITÁN

Pues no es un bicho, ¡puñetas!,
soy Rodríguez de Donostia,
¡me tenéis hasta las tetas!
se está rifando una hostia
y vos lleváis papeletas.

DOÑA OBDULIA

Capitán, esos modales...,
son más propios de un plebeyo
que de un capitán tan bello
y uno de los más formales
que campean por estos lares.

CAPITÁN

Lo siento..., estoy muy nervioso,
disculpad mi poco aplomo,
pero me encuentro furioso
por culpa de ese asqueroso
con más plumas que un palomo.

DOÑA OBDULIA

Os comprendo y os perdono,
un hombre que ocupa el trono

ha de ser más recatado
y, aunque esto no venga a tono,
¿vos sois soltero o casado?

CAPITÁN

Soltero y sin compromiso.
Quise a una dama de Vigo
pero ella a mi no me quiso,
¿quién se va a casar conmigo?
si la armadura es mi abrigo,
si por mi casa no piso
si la guerra es mi castigo
y además que yo no ligo
ni cuando estoy de permiso.

DOÑA OBDULIA

Pues no estéis tan afligido
y respondedme Gustavo,
perdí al séptimo marido,
¿vos queréis ser el octavo?

CAPITÁN

(Se vuelve horrorizado.)

¡La madre que me ha parido!
prefiero cortarme el rabo.

(Se vuelve hacia ella.)

Tengo un trabajo emprendido...,
ahora vuelvo si lo acabo. (*Sale corriendo.*)

DOÑA OBDULIA

¡Mmmm! Que hombre tan poco atrevido,
más que borrego es un pavo. (*Sale detrás de él*)

(*Entra el juglar y Doña Ulrica acosándole detrás.*)

DOÑA ULRICA

Venid para acá buen mozo,
por favor, venid no huyáis,
tomadme con alborozo
que os permito que hagáis
conmigo lo que queráis.

BARTOLILLO

No me deis esa esperanza

(*Aparte*)

que, a falta de un guarro padre,
me vendríais de puta madre
para una buena matanza.

DOÑA ULRICA

(*Aparte*)

No oigo sus meditaciones...

(A él)

Decídmelas alto, bobo.

BARTOLILLO

(Aparte)

La cortaría los jamones
y los metería en adobo.

DOÑA ULRICA

Comedme como hizo el lobo...,
con Capericita Roja.

(Va hacia él y le agarra. Entra la reina.)

REINA

Perdonadme que os coja...,
con las manos en la masa.

DOÑA ULRICA

¡Ay que gracia!..., tiene guasa.*(Se ríe.)*

REINA

¿De que os reís?...¿Qué pasa? *(Sigue riéndose.)*
Pero bueno, ¿es que estáis boba?

DOÑA ULRICA

Me acordé de aquella trova
que cantaba Doña Blasa:

(Cantando.)

"Siempre que llegáis a casa
me encontráis en la cocina...,
embadurnada de harina
con las manos en la masa."*(La reina la mira con la boca abierta, estupefacta.)*

REINA

(Aparte)

Por algo ésta no se casa,
¡es más tonta que de chica!

(A ella.)

Os advierto Doña Ulrica
que, aunque yo ya esté casada
y vos soltera, no implica
que hagáis vos de esa monada
vuestra propiedad privada.

DOÑA ULRICA

No señora..., para nada.

REINA

Pues ya estáis bien avisada.
Venid vos, juglar apuesto
y sentaos conmigo, ¡hermoso!

BARTOLILLO

Puede venir vuestro esposo
y, si me encuentra en su puesto,
el rey se pondrá furioso.

REINA

¡Bah!..., no se enfada el mariposo.

BARTOLILLO

Mi señora..., esto es acoso,
es acoso ..., en el trabajo.

REINA

No es acoso, es agasajo,
¿o es que acaso os molesto?

BARTOLILLO

No molestáis, por supuesto,
más no puedo estar sentado...

REINA

O os sentáis o me enfado.
Estáis un poco cortado...,
no digáis que no es por eso..

BARTOLILLO

No señora, no es por eso,
yo me sentaría encantado
pero es que tengo un divieso
por aquí..., por este lado.

REINA

Pues os sentáis reclinado.
Agarrádme de brazete... *(La agarra y van a sentarse al trono.)*
¿Un divieso en el costado?

BARTOLILLO

No, señora, en el ojete.

REINA

(Mimosa.)

Lo siento mi juglarcete,
¿estáis a gusto, precioso?

BARTOLILLO

Estoy un poco nervioso...,
y hasta un poco acojonado.

REINA

Al veros aquí a mi lado
olvido ratos amargos,
teneros aquí sentado...
me pone los dientes largos.

BARTOLILLO

Mi señora..., eso es un cuento,
perdonad pero disiento,
no me echéis culpas a mí
que, antes de tomar asiento,
ya los teníais vos así.

REINA

Os lo tengo que decir
porque si callo reviento,
desde el día en que os vi
os llevo en mi pensamiento,
apenas puedo dormir,
(*acercándose más a él*),
no os olvido ni un momento.

BARTOLILLO

Pues mi señora, lo siento,
no siento lo mismo yo,
no comparto el sentimiento.

(Aparte, volviendo la cabeza.)

La madre que la parió,
¡que mal la huele el aliento!

(Entra el rey, el juglar se levanta enseguida.)

REY

¡El juglar en mi sillón...,
sentado junto a mi esposa!
¡Tendrá cara el maricón!
¡Tiene cojones la cosa!

REINA

Por favor no seáis cazurro,
cuidad el vocabulario,
ese hablar tan ordinario
más que de rey..., es de burro.

REY

(Aparte)

¡Ay...!, si este burro cazurro
pudiera cambiar de albarda,
tendría a ese juglar tan curro
y no a esa reina petarda.

BARTOLILLO

¿Me perdonáis mi señor...,
por sentarme en vuestro trono?

REY

(Le pellizca.)

No os preocupéis bribón...,
¡pues claro que os perdono!

(Se va a su sillón enseñando las telas que trae.)

¡Ay! Mirad lo que he elegido...,
¡que rasos, que colorido!
Éste me dice mi musa
que es para hacerme una blusa
y éste, verde cagalera,
para hacerme una guerrera.
¡Qué alegría "pa" la vista!
Traeré a la mejor modista,
no me importa lo que cueste.
Y con este azul celeste...,
un calzoncillo "pa" éste. *(Señala al juglar)*

BARTOLILLO

¿Azul celeste, señor...?
Me gustan más los que tengo.

REY

¿Los queréis azul marengo?

BARTOLILLO

Yo prefiero los que tengo,
me gusta más el color.

REY

Decid, ¿de qué color son
los que tenéis, Bartolillo?

BARTOLILLO

Pues..., son por detrás marrón
y por delante..., amarillo.

(Entra el capitán muy sofocado.)

CAPITÁN

¡Mi señor, que ya han llegado!
¡Están tomando el castillo!

REY

¡Ay...! Que susto me habéis dado. *(Del susto se le cae el anillo, que jugaba con él.)*
¡Se me cayó hasta el anillo!

(Lo recoge del suelo.)

REINA

(Se levanta también muy asustada.)

Yo me aflojé hasta un pedillo...,
y se me cayó hasta el moco.

(Saca un pañuelo de la manga y se limpia.)

REY

¿Y a qué viene ese sofoco?
Pues dadles la bienvenida
y entretenerles un poco
que ahora bajo yo enseguida.

REINA

¡Doña Ulrica, estoy perdida!
Busquemos una guarida
y a esperar a ver que pasa,
pues la cosa esta "jodida",
tengo un marido sarasa
y además es un suicida.

(Se van.)

CAPITÁN

¡Majestad, por vuestra vida!
¡Que nos están atacando!

REY

Pues que lo vayan dejando.
Que manía con atacar...
Vamos a ver si me entero,
¿qué es lo que quieren..., entrar?,
pues que les abra el portero.

CAPITÁN

¡Os van a hacer prisionero!
¿Os habéis caído de un guindo?

REY

Pues decidles que me rindo,
que vengan, que les espero.

CAPITÁN

(Hundido.)

Tendré que entregar mi acero,
el rey no atiende a razones.

(Entra Doña Obdulia.)

DOÑA OBDULIA

Pues entregadlo, ¡cojones!
¡Ya está bien de hacer el primo!

(Yéndose hacia él.)

Que yo, al hombre que me arrimo,
me arrimo sin condiciones,
le trato con tanto mimo
que en un momento suprimo
todas sus preocupaciones.

CAPITÁN

Pues señora..., os eximo
de tales obligaciones.

(Huyendo de Doña Obdulia va hacia el rey.)

Majestad, que ya me animo,
¿qué les digo a esos cabrones?

REY

Exponed mis condiciones
y, una vez que lo hayáis hecho,
si aceptan mis peticiones
ya me doy por satisfecho.
Quiero una celda lujosa
con vistas a la montaña
pintada de color rosa
y sin una telaraña.
Quiero algunas joyas mías,
quiero dos sastres, dos pajes
y telas todos los días
para hacerme muchos trajes.
Y sobre todo una cosa
que no me puede faltar...,
que se lleven a mi esposa
y me encierren al juglar.

CAPITÁN

(Suplicante, casi lloroso.)

¡Que os van a deshonrar...!,
sin que nadie os socorra,
o es que estáis loco de atar...,
o más tonto que una borra.

DOÑA OBDULIA

Pero una borra..., ¡modorra!
de eso no debéis dudar.

REY

Que a gusto con el juglar...,
todo el día en la mazmorra.

DOÑA OBDULIA

(Al capitán.)

¡Pues que se vaya a la porra!
No os tenéis que preocupar,
si queréis vivir de gorra,
sin tener que trabajar,
no tenéis más que casar
con Doña Obdulia de Andorra.

CAPITÁN

(Huyendo de ella, aparte.)

¡Otra vez esta pedorra!...
¿Pero esta tía que barrunta?
¿Acaso no se percata
que me está dando la lata?
Verla a mi lado tan junta...,
me pone el bello de punta
y los huevos de corbata.

REY

(Al juglar.)

Venid vos conmigo, encanto,
y cantadme esa canción
que me llena de emoción
y a los dos nos gusta tanto.

(Se agarra a él de brazete y salen. El juglar va cantando.)

BARTOLILLO

Somos novios...
nos queremos...
...

(Detrás salen el capitán y Doña Obdulia. Doña Obdulia intentando coger del brazo al capitán y éste evitándolo.)

(Se cierra el telón)

LA CONSULTA DE DON MELQUÍADES

PERSONAJES

Paciente 1
Paciente 2
Paciente 3
Médico
Representante

(Consulta del médico. Entra una señora –Paciente 1–, se sienta y se pone a comer pipas. Se levanta y cotillea por la mesa del médico. Coge el palito de abrir la boca, se queda mirándole y luego dice: "Anda, se come el polo y se deja aquí el palo". Coge el fonendoscopio, se lo coloca, mientras dice: "si, si, probando, probando..." Por fin oye ruido, se lo quita corriendo y va a sentarse, luego sigue comiendo pipas. Entra una señorita muy fea, con cabeza gorda –Paciente 2–, observa a su alrededor, se sienta y saluda.)

PACIENTE 2.– Muy buenas...

PACIENTE 1.– Si, poco tostadas para mi gusto, pero no son malas. ¿Quiere unas pocas? *(La ofrece pipas).*

P 2.– ¿Eh? Ah, no, gracias. Si yo le decía muy buenas..., por las tardes.

P 1.– No, y por las mañanas también están muy ricas, yo las como a cualquier hora.

P 2.– Que no señora, que yo quería decir: "muy buenas..., tardes".

P 1.– ¡Aaahh! Yo creía que quería usted decir: "muy buenas..., pipas". Que confusión más tonta, ¿verdá usté? Estas cosas pasan. Sin ir más lejos, el otro día llega mi marido a mi casa, entra y me dice: "María, ¿que es hoy?", y le contesto yo: "tonto perdío". Y me dice él: "¡Que no coño!, si digo de día" y le contesto yo: "tú eres tonto de día y de noche hermoso". Cogió un cabreo... Y es que luego resulta que lo que me había preguntado era: "que..., es..., hoy", de día de la semana, ¿me entiende?, o sea lunes, martes..., y yo le entendía: "que soy".*(P2 permanece callada, mirándola, como pensando:"esta mujer está como una cabra")* Ya me extrañaba a mí que me preguntara que qué es, cuando el sabe de sobra que yo sé que es mu tonto. Porque, de verdad señorita, no está bien que yo lo diga pero es "MU-TONTO".

P 1.– ¿Y que le pasa a usté?

P 2.– Que tengo muchos dolores.

P 1.– ¡Amos, fíjate! Tan joven... Pobrecita... ¿Qué tiene usté hijos?

P 2.– No, señora, soy soltera..., (*más bajo*) y entera.

P 1.– (*Acompaña toda la conversación con golpecitos que da en el brazo de su compañera de consulta.)* Ah, pues mire usté, tan ricamente. Así, si se muere usté, nadie la va a echar de menos, ¡quuii! Ya ha descansao usté, tan a gustito. Que no quiero yo decir que se vaya a morir, entiéndame lo que la digo; pero si se muere..., pues mu bien; que no se muere..., pues ¡hala!, a disfrutar de la vida con su novio... ¿Tiene usté novio no?

P 2.– (*Que aguanta el chaparrón con resignación.)* No, señora.

P 1.– Uuuy..., pues no es usté tan fea... (*La mira.*) Bueno, un poco sí... (*La vuelve a mirar.*) Bueno mucho, pa qué la voy a engañar. Pero usté no se preocupe que, como decía mi madre, que en paz descanse..., "con lo guapo no se come". Claro, que, también decía mi padre, que con lo feo se te quitan las ganas de comer. (*P2 sigue callada y la mira, de vez en cuando, como alucinada.*)

(*Breve silencio y suspiro profundo de P1*)

P 1.– ¡Aaaaayyyyy! Que vida ésta. Ya ve usté, yo sí que tengo hijos, y ¿pa qué?, no se acuerdan de una pa ná...; deseando que me muera pa coger la herencia. Ahora que se van a joder..., porque no les voy a dejar ná. Porque mi marido siempre ha sío MU TONTO ¿sabe usté?, siempre ha sío un don nadie, no ha valío nunca pa ná, pa ná. Todavía vivimos de alquiler, con eso la digo tó. Un pisito mu discretito, pero mu limpio, mu limpio, mu limpio... Porque yo siempre he sÍo mu limpia, ¿sabe usté...? (*P2 ya no aguanta más y la corta*).

P 2.– (*Frotándose el brazo con la mano.*) ¡Señora!, cuando vine tenía muchos dolores..., pero ahora tengo más.

P 1.– ¡Hija, por Dios...! pues sí que es usté antipática, si... Con razón que no tenga usté novio.

(*Entra el médico con un maletín. Repara en que ya hay gente y saluda...*)

MÉDICO.– Muy buenas...

P 1.– ¿Pipas o tardes?

M.– ¿Cómo dice? *(Se quita la chaqueta y se pone la bata blanca. Se sienta y se pone a ordenar sus papeles).*

P 2.– Tardes, señora, tardes.

P 1.– Y usted qué sabe... A lo mejor se refería a las pipas. Doctor, ¿qué decía usted, pipas o tardes?

M.– ¿Eeeeh...? Perdone señora, esto es medicina general, la consulta del psiquiatra es dos puertas más abajo. *(Sigue a lo suyo.)*

P 1.– ¡Uy por Dios! Pero qué simpatía tienen aquí, en la Seguridad Social.

(Entra una señora muy vieja –Paciente 3– y con muy mal genio).

P 3.– ¿Quién es la última?

P 2.– Yo, señora.

P 3.– Pues entonces, yo voy delante de usted.

P 2.– Será detrás...

P 3.– ¿Pero no ha dicho usted que era la última?

P 2.– Sí.

P 3.– Pues entonces, yo voy delante de usted.

P 2.– De eso nada, usted va detrás de mí, que ha llegado la última.

P 3.– Pues entonces, no diga usted que es la última, diga usted que es la penúltima.

P 1.– *(A P2.)* Pa lo que hablábamos antes..., otra confusión tonta.

P 3.– ¡La tonta lo será usted!

P 1.– No señora, si no es a usted, si digo la confusión.

P 3.– Ah, creía que me había llamado tonta a mí.

P 1.– No señora, no, se lo he llamado a la confusión.

(P1 sigue comiendo pipas, P2 se pone a tejer y P3 saca un enorme puro y lo enciende.)

P 1.– *(A P3.)* ¿Y a usté qué la pasa?

P 3.– ¿Y a usté que coños la importa?

P 1.– *(Con retintín.)* Pues vaya geniecito que tiene aquí... "Doña Rogelia"

P 3.– Yo tengo el genio que me sale del pepe. Pero no soy tan cotilla como usté, no te jode.

M.– Que pase el primero.

P 1.– No hay primero.

M.– ¿Cómo que no hay primero?

P 1.– Hay primera.

M.– ¡Pues que pase la primera!

P 1.– (*A P2.*) ¿Ve usted...?, otra confusión tonta. (*Se levanta y se acerca al médico.*)

M.– ¿Qué le pasa a usted?

P 1.– Mire, doctor, es que llevo ya varias faltas y no sé si es que se me ha retirado la regla o es que estoy embarazada.

M.– (*La mira por encima de las gafas.*) ¿Cuántos años tiene usted?

P 1.– Sesenta y cinco.

M.– A usted se le ha retirado la regla..., la escuadra..., y hasta el cartabón.

P 1.– Pero es que además tengo aquí (*se señala el estómago*) un dolor que se me pone, se me quita, se me pone, se me quita...

M.– ¿No se habrá tragado usted un intermitente?

P 1.– ¡ Noooo...! Además, cuando voy al water, al..., apretar, me duele mucho más.

M.– ¡Uff! Mal asunto, entonces eso va a ser un quiste boletas.

P 1.– ¿Y que es un quiste boletas?

M.– Que duele más cuando aprietas.

P 1.– ¿Y eso es grave?

M.– Noooo, eso no es nada. Eso lo tuvo una prima mía, parecía que se iba a morir..., y luego duró casi seis meses.

P 1.– ¡Buff! Pues menos mal, yo ya creía que podía ser algo grave. ¿Y qué tengo que hacer?

M.– Hay que operarla. La voy a dar cita para el día..., (*hojea sus notas)* 20 de Junio.

P 1.– ¿Pero si eso es dentro de seis meses? ¿Y si me he muerto para entonces?

M.– ¿Eh? ¡Ah! Entonces no hace falta que venga.

P 1.– Ah bueno. (*Se levanta para irse pero se da la vuelta.)* Doctor, ¿y no me reconoce?

M .– (*Se queda un rato observándola.)* Pues ahora mismo no caigo.

P 1.– Si lo digo porque no me ha mirado usted.

M.– No, si la estoy mirando..., pero no caigo.

P 1.– Que no, que no me ha mirado el cuerpo con los aparatos suyos.

M.– ¡Ahhh! No hace falta, por los síntomas lo he deducido enseguida.

P 1.– Amos..., fíjate, ¡que hombre más listo! (*se va a ir pero se da la vuelta)*. Pero..., y si me duele mucho, ¿qué hago?

M.– Pues no apriete.

P 1.– Pero si no aprieto..., noooo...

M.– Ciruelas, muchas ciruelas y verá como no hace falta apretar.

P 1.– Ah, vale. (*Se va a ir pero se da la vuelta de nuevo)* ¿Y si no hay ciruelas en la frutería que hay al lado de mi casa? Porque es que, ¿sabe usté?, no me gusta ir a otro sitio, porque se portan muy bien conmigo. Casi siempre que voy me regalan unas ramitas de perejil. Son mu atentos, mu atentos...

M.– (*Cortándola.)* Pues kiwits, muchos kiwits...

P 1.– Ah vale. (*Se va a ir pero de nuevo se da la vuelta)* ¿Y si tampoco hay kiwuit?

M.– (*Perdiendo ya la paciencia.)* ¡Pues no cague, coño, no cague!

P 1.– (*Yéndose desairada.)* ¡Ay por Dios! Pero que malos modales tienen aquí en la Seguridad Social. (*Se va. Antes de salir dan dos toques en la puerta y entra un representante de laboratorio –R–. Al cruzarse con él, P1 se queda mirándole y le pregunta).*

P 1.– ¿Qué es usté, un viajante...?

R.– (*Muy eufórico y "pelotas".)* Sí, señora, soy el representante de "Laboratorios Ruperto" ¡los que curan hasta a un muerto!

P 1.– Ah, pues si me muero ya le llamaré. (S*e va).*

R.– (*Mirando a P2 y P3 y señalando al médico.*) ¿Puedo?

P3.- ¿Qué si puede qué?

R.– Pasar a ver al doctor.

P 3.– Claro que puede... *(R va a irse hacia el médico)* ¡Pero cuando le toque, no te jode! ¡A la cola!

M.– Pase, pase usted.

R.– *(Mira a P2 y P3 como disculpándose.)* Gracias, doctor, sólo será un momento.

P 3.– ¡Hala! A colarse el "daoporculo" éste. *(A P2)* ¡Y usté, diga algo también, coño!

P 2.– ¡Algo también, coño!

M.– A ver, ¿qué trae usted?

R.– (*Se sienta, muy parlanchín, abre la cartera y comienza a sacar productos.*) Pues mire doctor, aquí le traigo los productos más avanzados de la medicina moderna, Fosfotin veinte..., ¡lo mejor para la mente! (*Se toca con el dedo en la cabeza.*) Biodramós..., ¡lo mejor para la tos! (*Se toca en el pecho.*) Rinomicicha..., ¡lo mejor para la..., (*se señala hacia abajo*). L'aparato digestivo. Si quiere, aquí le dejo el catálogo.

M.– No, no me interesa, ¿alguna cosa más?

R.– Le aseguro que es lo último. Y además, Laboratorios Ruperto, como gentileza, le ofrece un quince por ciento del valor de cualquiera de sus productos que usted recete.

M.– (*Cambia de actitud radicalmente.*) El caso es que parecen interesantes. Deje, déjeme aquí el catálogo.

R.– Como no, aquí tiene usted doctor, muchas gracias y encantado. (*Se levanta, le da un fuerte apretón de manos y se marcha. Antes de salir, se vuelve y se dirige a P2 y P3*).

R.– Tengan, señoras, como desagravio, tengan, unas pastillas Rivoca, lo mejor para el mal sabor de boca.

P 3.– ¿Sabe usté lo que decía mi abuelete?

R.– No, señora. ¿Qué decía su abuelete?

P 3.– ¡Que se las meta usté por el ojete! (*Se va* R *desairado.*)

M.–Que pase el siguiente.

(*Se levanta P2 y se acerca.*)

M.– ¿Qué le pasa a usted?

P 2.– Que tengo muchos dolores.

M.– ¿Dónde le duele?

P 2.– Pues en mi casa, en el trabajo, aquí..., en todas partes.

M.– ¿Que en que parte del cuerpo?

P 2.– En la cabeza, en el pecho, en la tripa...

M.– (*Se queda mirándola.*) ¿La cabeza le duele toda o solo una parte?

P 2.– Toda.

M.– Entonces le dolerá mucho, ¿no?

P 2.– Sí, mucho.

M.– No me extraña, no.

(*Se levanta y empieza a auscultarla, en el pecho, tripa, espalda, culo...*)

M.– Diga 22.

P 2.– 22.

M.– A ver, una vez más.

P 2.– 23.

M.– Otra vez.

P 2.– 24.

M.– Otra.

P 2.– 25.

M.– (*Se para y se queda mirándola, mosqueado.*) ¿Me está usted vacilando?

P 2.–Yo no. Y, usted, ¿me está reconociendo o examinándome de matemáticas?

M.– ¿Usted es imbécil?

P 2.– No, soy cocinera.

M.– Pues cocinera imbécil.

P 2.– No, cocinera ayudante.

M.– A ver saque usted la lengua. (*La mira con la tablita.)*

P 2.– (*Da arcadas; el médico retrocede enseguida.*) Aaaggg..., ¿quién se ha comido el polo?

M.– ¿Qué polo?

P 2.– El del palo.

M.– ¿Qué palo?

P 2.– El del polo. (*Le coge la mano con la tablita para enseñárselo)* Verá usté, es que si me metiera usté el palo con el polo no me importaría, pero si me mete usté el palo sin el polo me da un poco de asco... Sabe Dios quien se habrá comido el polo.

M.– ¡Pero que palo de que polo ni que polo de que palo! Abra usted la boca. (*Vuelve a meter la tablita en la boca a P2, que aguanta como puede las arcadas.)*

M.– Tiene usted el estómago un poco sucio.

P 2.– Y los pies no te digo ná...

M.– Pues hay que lavarse más a menudo.

P 2.– Si es que se me olvida.

M.– ¿Es usted de buen comer?

P 2.– No señor, soy de Buenasbodas.

M.– ¿Qué si come usted bien?

P 2.– ¿Qué si como bien? ¡Más que una lima!

M.– *(Le abre un ojo y le mira la pupila.)* ¿Usa usted gafas?

P 2.– Sí.

M.– ¿Y por qué no las lleva ahora?

P 2.– Porque ahora no hace sol.

M.– ¿Y eso que tiene que ver?

P 2.– Es que las gafas que yo uso son gafas de sol.

M.– ¡Que no, mujer! Quiero decir que si usa usted gafas de ver.

P 2.– Hombre, si le parece, voy a usar gafas de oír.

M.– ¿Se quiere usted quedar conmigo?

P 2.– (*Muy alegre).)* ¡Sííí..! ¿Aquí con usted de ayudante...? ¡Ay que bien! Con lo harta que estoy ya de cocina... (*El médico la mira sin dar crédito a lo que oye).* ¿Me quedo ya desde hoy o empiezo mañana?

M.– (*Se queda mirándola un momento.)* ¿A que edad se quedó usted así?

P 2.– Así, ¿cómo?

M.– Nada, nada..., déjelo. (*Sigue reconociéndola.)* ¿Se ha dado usted algún golpe?

P2.- Sííí..., muchos.

M.– ¿Dónde?

P 2.– En la cocina.

M.– ¿Qué en qué parte del cuerpo?

P 2.– En la cabeza, en el pecho, en la tripa...

M.– *(Hojea el catálogo que le dejó R, hace una receta y se la da.)* Tenga, se va usted a dar esta pomada.

P 2.– ¿Dónde me la doy?

M.– Pues en su casa. No va a venir usted aquí a dársela.

P 2.– ¿Qué en que parte del cuerpo?

M.– ¡Pues donde la duela!

P 2.– Aaaah... ¿Y si no me duele?

M.– ¡Pues no se la de!

P 2.– Ah, claro. (*Se va a ir pero vuelve)* ¿Y si me la doy aunque no me duela, antes de dolerme, por si me duele pa que no me duela?

M.– *(Aturdido, confundido y agobiado.)* Désela usted si la duele o aunque no la duela o la siga doliendo o la deje de doler... ¡Désela usted cuando la salga del! ..., tubo de la pomada.

P 2.– Ah, vale. (*Se va a ir y vuelve*). ¿Entonces vengo mañana?

M.– (*A punto de estallar.)* ¿A quééé...?

P 2.– Pues aquí con usté, de ayudante...

M.– ¡Nooooo!

P 2.– Pues si que cambia usted pronto de opinión. (*Se va desairada.)*

M.– El siguiente.

(Se acerca P3).

M.– ¿Y a usted qué le pasa?

P 3.– Que cuando llueve me pica mucho el chichi.

M.– (*La mira hacia los pies y le dice con sarcasmo.)* ¿Ha probado usted a recortarse las catiuscas?

P 3.– ¿Eh?

M.– Nada, nada... ¿Solo la pica cuando llueve?

P 3.– Y cuando no llueve también.

M.– Entonces, ¿por qué me dice que la pica cuando llueve?

P 3.– Leñe, porque cuando llueve me pica.

M.– ¿Y cuando no llueve?

P 3.– También.

M.– ¿Entonces la pica siempre?

P 3.– No.

M.– Vamos a ver, vamos a ver... Entonces. ¿cuándo es cuando la pica?

P 3.– Cuando llueve.

M.– ¿Y cuando no llueve?

P 3.– También.

M.– ¡Pues entonces la pica siempre!

P 3.– No.

M.– ¿Me quiere usted volver loco o qué?

P 3.– No.

M.– Vamos a ver, ¿cuándo es cuando NO la pica?

P 3.– Cuando me rasco.

M.– ¿Y cuándo se rasca?

P 3.– Cuando me pica.

M.– ¿Y cuándo la pica?

P 3.– Cuando llueve.

M.– ¿Y cuando no llueve?

P 3. También.

M.– ¡¡¡¡¡Pues entonces la pica siempre!!!!!

P.- No.

M.– Entonces... ¿Cuándo NO la pica? Y no me diga que, cuando se rasca, que la pego con la silla en la cabeza.

P 3.– ...

M.– ¡Contésteme!

P 3.– No, que me pega con la silla en la cabeza.

M.– (*Intentando recuperar la calma.*) Vamos a tranquilizarnos, señora, vamos a tranquilizarnos. A ver, cuando llueve..., a usted la pica, ¿no?

P 3.– Sí.

M.– Y cuando no llueve..., ¿la usted la pica?

P 3.– También.

M.– ¿O sea, que la pica siempre?

P 3.– No.

M.– (*Levantándose y llevándosela.*) Bueno, pues, cuando llueva, se va usted a tomar estas pastillas.

P 3.– ¿Sólo me las tengo que tomar cuando llueva?

M.– Y cuando no llueva también.

P 3.– Entonces, ¿por qué me dice usted que me las tome cuando llueva?

M.– Mujer, porque cuando llueva se las tiene usted que tomar.

P 3.– ¿Y cuando no llueva?

M.– También.

P 3.– O sea, ¿que me las tomo siempre?

M.– No.

P 3.– Pero entonces, ¿cuándo me las tomo?

M.– Cuando llueva.

P 3.– ¿Y cuando no llueva?

M.– También.

(Continúan así hasta salir.)

...

...

(Salen.)

Fin del sainete

EL PARQUE DE MARÍA RISA

PERSONAJES

Fili
Anatolio
Aniceto
Rosendo
Faustina
Leoncia

(Se abre el telón. Decorados de un parque, con un banco en medio. Entra una señorita (Fili) paseando, se sienta, saca un libro y se pone a leer. Su aspecto es el de una chica normal de unos treinta y algún años. Llega paseando un señor (Anatolio) y se sienta, sin decir nada, en el otro extremo del banco con la boca abierta y la mirada perdida, como alelado. Se peina con raya en medio, muy bien partida, usa gafas con cristales muy gordos y aparenta unos treinta años.)

FILI.– Perdone, ¿tiene hora?

ANATOLIO.– ¿Eeeehh...?

FILI.– ¿Que si tiene reloj?

ANATOLIO.– *(Se mira la muñeca.)* Si, dos, uno aquí y otro en mi casa.

(Fili se queda esperando a que se la diga, pero Anatolio vuelve a su actitud de antes, boca abierta y mirada perdida.)

FILI.– ¿Podría decirme la hora que es?

ANATOLIO.– ¿Eeehh...?

FILI.– ¿Qué si podría decirme la hora que es?

ANATOLIO.– Sííí..., claro que podría.

(Pausa)

FILI.– ¿Y por qué no me la dice?

ANATOLIO.– ¿Eeehh...?

FILI.– ¿Que por qué no me la dice?

ANATOLIO.– ¿El qué?

FILI.– La hora que es.

ANATOLIO.– Porque no me lo ha pedido.

FILI.– Pero si acabo de pedírselo.

ANATOLIO.– No, perdone, usted me ha dicho que si "podría" decirle la hora que es, no que se la diga.

(Pausa)

FILI.– Bueno, pues dígamela.

ANATOLIO.– ¿Eeehh...?

FILI.– Que me la diga.

ANATOLIO.– ¿El qué?

FILI.– La hora que es.

ANATOLIO.– ¡Aaahhh...! (*Se mira el reloj*). Las once y media.

(*Fili se queda sorprendida, mientras Anatolio vuelve otra vez a "su mundo".*)

FILI.– No puede ser.

ANATOLIO.– ¿Eeehh...?

FILI.– Que no puede ser.

ANATOLIO.– ¿El qué?

FILI.– Esa hora.

ANATOLIO.– ¿Qué hora?

FILI.– La que usted me ha dicho.

ANATOLIO.– ¿Qué hora la he dicho?

FILI.– Las once y media. Y no puede ser.

ANATOLIO.– ¿Por qué?

FILI.– Porque es por la tarde. Se le tiene que haber parado el reloj.

ANATOLIO.– Se me habrá parado el reloj. (*Sigue con la mirada perdida y la boca abierta*).

(Pausa)

FILI.– (*Saca un cigarro del bolso.)* Perdone, ¿tiene fuego?

ANATOLIO.– ¿Eeehh...?

FILI.– ¿Que si tiene mechero?

ANATOLIO.– Si, de gas.

(Pausa)

FILI.– Déme fuego, por favor.

ANATOLIO.– ¿Eeehh...?

FILI.– *(Empezando a perder la paciencia.)* ¡Que me dé fuego!

ANATOLIO.– ¡Aaahh...! No puedo.

FILI.– No puede..., ¿por qué?

ANATOLIO.– Porque no llevo fuego.

FILI.– Entonces, ¿por qué me dice que tiene mechero?

ANATOLIO.– Porque lo tengo..., pero en mi casa. (*Continua alelado).*

(Pausa)

FILI.– *(Se queda mirándole.)* ¿Se encuentra bien?

ANATOLIO.– ¿Eeehh...?

FILI.– ¿Que si le pasa algo?

ANATOLIO.– ¿A quién?

FILI.– A usted.

ANATOLIO.– ¿A mí?

FILI.– (*Alterada.*) ¡Sí, a usted!

ANATOLIO.– A mí, no, ¿y a usted?

FILI.– (*Alterándose más aún.*) No, a mí tampoco, pero creo que me va a dar un ataque de nervios en cualquier momento.

ANATOLIO.– (*Se levanta asustado.*) Si ya me pareció a mí que se le notaba un poco rara. (*Se va*).

(Fili respira hondo y sigue leyendo. Viene paseando un hombre de unos cuarenta años, pantalón de pana, camisa sin cuello y boina calada hasta las orejas. Por la pinta denota que es más de pueblo que las amapolas).

ANICETO.– (*Sentándose en el banco.*) ¡A las buenas tardes!

FILI.– (*Le mira de reojo y sigue leyendo.*) Hola, buenas tardes.

(Pausa)

ANICETO.– Bueno, hombre, bueno...

(Pausa)

ANICETO.– Pues sí, hombre, sí...

(Pausa)

ANICETO.– Vaya usté viendo...

(Pausa)

ANICETO.– *(Mirando al cielo.)* Paece que hace buena orilla...

FILI.– *(Le mira de reojo y mira un poco hacia arriba.)* Sí.

(Pausa)

ANICETO.– Que digo yo, que... ahora que hemos entablao conversación...¿qué si le puedo hacer una pregunta endiscreta?

FILI.– Depende..., digamé.

ANICETO.– ¿Qué está usté emparejá...?

FILI.– ¿Cómo?

ANICETO.– ¿Qué si tié usté novio o marido?

FILI.– Pues no, no tengo.

ANICETO.– *(Hace una mueca de alegría.)* Yo me llamo Aniceto, Aniceto Labordeta.

(Fili le mira y se percata de que lleva la bragueta abierta)

FILI.– La... bragueta.

ANICETO.– No, Labragueta no, Labordeta.

FILI.– La bragueta..., que la lleva usted abierta.

ANICETO.– *(Se mira.)* ¡Coño!, si que es verdá. *(Se sube enseguida la cremallera)*. ¡Je, je...!... *(Aparte)* ¿Qué barruntará?

(Pausa. Fili sigue leyendo)

ANICETO.– Y usté..., ¿cómo se llama?, si no es mucha indiscreción...

FILI.– Fili.

ANICETO.– ¡Anda la leche! Como mi televisión. ¡Que casualidá! Esto paece una primoneción de esas. *(Aparte)* Si, en cuanto la he visto, me he dicho: "Niceto..., ésta es pa ti".

(Pausa. Aniceto permanece sonriente, se le ve ilusionado. Fili sigue leyendo; de vez en cuando le mira de reojo, lo que hace que Aniceto esboce un leve "je, je..", con cierta timidez, cada vez que nota que le mira.)

ANICETO.– *(Se decide a pasar al ataque.)* Le voy a..., le voy a decir a usté una cosa...

FILI.– Dígame.

ANICETO.– A lo mejor le voy a parecer a usté un poco prisolero..., pero... ¿se quié usté casar conmigo?

FILI.– ¿Cómo? Pero caballero..., si ni siquiera le conozco.

ANICETO.– Pa eso estamos, moza, pa eso estamos. Ahora mismo si quié usté le cuento toa mi vida... Vera usté..., es que yo ya voy estando granao, ¿sabe usté?, y ya va siendo hora de que siente la cabeza, que la tengo mu gorda; vamos que ya va siendo hora de que busque una buena moza, así como usté, pa casarme. Y..., como allí en el pueblo ya están toas peías...

FILI.– ¿Qué están qué...?

ANICETO.– Peías... Vamos, que ya se las ha pedío otro. Yo me he estao con el bolo entre la manta, ¿sabe usté?, y cuando me he querío dar cuenta me he quedao a dos velas. Así que me he dicho: "Niceto..., vete pa la capetal y busca una buena hembra, que allí hay muchas". Y pa acá me he venío. Y en cuanto la he visto me ha dao un chasquío el... el corazón..., como si me estuvieran diciendo: "Esta es la tuya, macho".

FILI.– Pero bueno..., usted no tiene cabeza.

ANICETO.– (*Agarrándose la cabeza con las dos manos.*) ¡Joer que si tengo!...¡menudo melón!...si me veo negro pa encontrar boina de mi talla...

FILI.– Quiero decir que no tiene conocimiento...Pero..., si no sé nada de usted..., ni usted de mí.

ANICETO.– Pues de mí ya se lo estoy contando, ¡leche!, y de usté..., con verla..., ya está to dicho.

FILI.– Pero hombre, por Dios, con eso no basta. Una pareja tiene que conocerse mejor y, además..., usted a mí no me gusta.

ANICETO.– ¿Qué no la gustooo...? Eso es porque usté no me ha visto bien lavao y bien apañao, ¡que yo arreglao gano mucho! Si me viera ustéee..., cuando voy de boda y me coloco mi fuerte trajeee..., ¡paezco un pincel!

(Fili le mira, alucinada. Llega un "macarrilla", pelo largo, tatuajes en los brazos y aires de pendenciero. Se acerca al banco donde están Fili y Aniceto.)

ROSENDO.– *(A Aniceto.)* ¿Que passaa colega? ¿Intentando ligar aquí con la piba ésta? Vamos tronco ábrete, que esto es mucho arroz pa tan poco pollo... *(Se sienta en medio de los dos, dando la espalda a Aniceto.)*

ANICETO.– Coñoooo, coñoooo...

ROSENDO.– *(Arrimándose a Fili que se retira de él hasta el borde del banco.)* ¿Qué pasa tronca? ¿Te está dando la vara, aquí el cateto?

ANICETO.– Coñoooo, coñoooo...

(Fili sigue mirando al libro, desdeñándole)

ROSENDO.– ¡Ahí vaaa...! ¿qué pasa , que te gusta más el espécimen éste?

ANICETO.– Coñooo, coñoooo... Se está rifando un zimbombazo y le va a tocar a un melenudo que yo me séééé...

ROSENDO.– ¡Anda mi madre!...que se me altera Macario...

ANICETO.– A ti no te han dao nunca una buena manguara, ¿verdá macho?

ROSENDO.– (*Se levanta, encarándose con Aniceto, mientras mete la mano en el bolsillo y hace asomar una navaja.*) ¡No! ¿Qué pasa...?

ANICETO.– (*Al ver la navaja, se amedrenta.*) Ná, hombre..., ná. Que no voy a ser yo el primero que te la dé..., ¡nos ha jodío!

ROSENDO.– ¡Ah! Por eso. No te me amontones..., que te rajo aquí mismo como me llamo Rosendo. (*Se sienta de nuevo ignorando a Aniceto*). ¿Has visto tronca, que pronto se ha acojonao el cateto?

(*Fili se levanta y se va deprisa. Rosendo se levanta también y se va detrás de ella.*)

ROSENDO.– ¡Ay va! Pero..., ¿dónde vas tronca? ¿Qué passaa, no te mola mi royo...?

ANICETO.– (*Hace un chasquido con la boca, como cuando se arrea a un mulo.*) ¡Riaaaaaaa..., arreeeaaaa pa allá! Si no saca la navaja..., le avío yo los papeles al melenudo ese. No te jodeee... ¡Ya me la ha espantao! Ya que la tenía en el bote... La próxima vez me traigo el vierno de sacar la cuadra..., a ver si me se pone tan farruco con la navaja...

(*Vuelve de nuevo Anatolio y se sienta en el banco sin decir nada, con la misma actitud que antes.*)

ANICETO.– ¡¡¡Aaaaahhhhhh!!

ANATOLIO.– ¿Eeehhh...?

ANICETO.– ¡Aaahh...! Es un saludo, es como nos saludamos en mi pueblo. Como ha llegao usté, se ha sentao y no ha dicho ni mú...

ANATOLIO.– ¡Aaahh...! Múúúú... (*Vuelve a mirar al frente como alelado.*)

(*Aniceto se queda mirándole, extrañado.*)

ANICETO.– ¿No es usté mu cascante que se diga, eh?

ANATOLIO.– ¿Eeehh...?

ANICETO.– Que habla usté menos que un guarro mudo.

ANATOLIO.– Aaahhh...

(*Pausa*)

ANICETO.– Oiga...esteee... ¿Cómo se llama usté?

ANATOLIO.– ¿Eeeehhh...?

ANICETO.– ¿Que como se llama? ¡La leche! Paece usté sordo.

ANATOLIO.– Ana...tolio.

ANICETO.– ¡Coño! Nos llamamos casi igual...Yo me llamo Ani...ceto.

ANATOLIO.– Aaahhh...

ANICETO.– Esteee... Natolio, ¿qué sabe usté de alguna buena hembra, por aquí, que quiera casarse?

ANATOLIO.– ¿Eeehh...?

ANICETO.– Que si conoce usté alguna moza, que tenga buenas agarraderas, que no sea mu escrupulosa y se quiera casar.

ANATOLIO.– Sí.

ANICETO.– ¿Que querría usté presentármela, a ver si se quié casar conmigo?

ANATOLIO.– ¡Noo...!

(Pausa)

ANICETO.– ¿Y eso por qué?

ANATOLIO.– ¿Eeehh...?

ANICETO.– ¿Qué por qué no me la quié usté presentar?

ANATOLIO.– ¿A quién?

ANICETO.– ¡A esa moza, que dice usté que no es escrupulosa y se quié casar...!

ANATOLIO.– Porque quiere que se case con usté...

(Aniceto se queda extrañado.)

ANICETO.– ¿Y a usté que más le da?

ANATOLIO.– ¿Eeehh...?

ANICETO.– ¿Que qué le importa a usté?

ANATOLIO.– ¿El qué?

ANICETO.– ¡Que se case conmigo la moza esa que usté conoce!

ANATOLIO.– Sí que me importa.

ANICETO.– ¿Por qué?

ANATOLIO.– Porque es mi novia.

ANICETO.–¿Entonces, pa que me dice usté que sí que conoce a una moza que se quié casar conmigo?

ANATOLIO.– No, yo le dicho que si que conocía a una moza que se quería casar..., pero no con usted..., conmigo.

ANICETO.– (*Cabreado.*) ¿Se está usté cachondeando de mííí...? ¡Míe usté que le meto un zimbombazo, así a mano vuelta, que se va a tener que rascar usté los hocicos con un vierno...!

ANATOLIO.– (*Se levanta asustado y se va corriendo por donde vino.*) Otro raro... ¡vaya día!

(Entran paseando dos mujeres agarradas del brazo. Faustina es pequeña y delgada y su hija Leoncia es gorda y grande y con los carrillos de la cara muy colorados. Leoncia es muy tímida y recatada por lo que Faustina lleva siempre la voz cantante. Se sientan en el banco, la hija en un extremo y la madre en medio.)

FAUSTINA.– Buenas tardes, buen hombre.

ANICETO.– Mu buenas... ¿Que es su hija?

FAUSTINA.– Sí, claro. ¿No se nota...? Si somos como dos gotas de agua.

ANICETO.– Ya tié usté una moza... y, además, bien lustrosa.

FAUSTINA.– Y mu formal que es, mu decente y mu formal, de las que ya no quedan...
Y coseee..., no sabe usté lo bien que cose. Y mu hacendosa que es, ¿sabe uste? Una alhaja de hija, que se lo digo yo.

LEONCIA.– (*Ruborizada.*) Madre..., que me voy a poner colorada.

ANICETO.– Y, además, témida..., como a mi me gustan. (*A Faustina)* Vamos que tié usté una ganga pa el mozo que se la lleve.

FAUSTINA.– Pues sí, mire usted, el que se la lleve..., se lleva un tesoro.

ANICETO.– O sea que no tié novio...

FAUSTINA.– No, señor, todavía no salió uno que se la merezca.

(Pausa. Aniceto se queda pensativo.)

FAUSTINA.– Usté no es de aquí de Madrid, ¿verdad?

ANICETO.– No, señora, soy de Valdemulas.

FAUSTINA.– ¡Qué vista tengo! Como lo he notao, ¿eeehh? Si es que yo pa esto de las "paisanías" tengo un sexto sentido.

(Pausa. Aniceto sigue pensativo, como cavilando.)

ANICETO.– ¿Qué cree usté que le gustaría yo a la moza?

FAUSTINA.– ¡Uy!.., pues no sé...¡Ojalá!, porque me ha caído usted bien. Con las ganas que tengo yo de tener nietos.

ANICETO.– Pues si se casara conmigo..., no iba a tardar ná en cubrirla. Vamos, que yo le hago a usté tres o cuatro nietos en menos que se persina un cura loco.

FAUSTINA.– ¡Y lo guapos que iban a salir...!

ANICETO.– O feos..., si es igual. Si yo los quiero pal campo.

(Leoncia permanece escuchando, haciéndose la tonta, como que no está en la conversación.)

FAUSTINA.– ¡Ah ...! Tiene usted tierras y todo... ¡Uyyy...! Con lo que a ella le gusta el campo.

ANICETO.– Y animales también tengo.

FAUSTINA.– Aahh... ¿Animales tambiééén...?

ANICETO.– Sííí...treinta guarros, quince gallinas, dos galgos, tres gatos, una mula y un perro fusco.

FAUSTINA.– ¡Uyyy...! Con lo que a ella le gustan los animales...

ANICETO.– ¿Y cree usté que se querría casar conmigo?

FAUSTINA.– Pues no lo sé, hombre... Eso tendría que preguntárselo a ella.

ANICETO.– Pues mire usté, con los nervios me se están arrevolviendo las tripas; mientras yo voy a "hacer el cuerpo", se lo consulta usté y luego me informa, que yo no se lo quiero preguntar no sea que me lleve un chasco. (*Se levanta).*

FAUSTINA.– Me parece muy bien. Mire, por allí a la izquierda hay un urinario.

ANICETO.– No, si yo lo que quiero es un "cagatario".

FAUSTINA.– También, también hay. Pida usted papel a la encargada que está en el fondo, que en el servicio no hay casi nunca.

ANICETO.– (*Yéndose.)* Si es igual, si yo en el pueblo me limpio con un cascote.

FAUSTINA.– ¿Qué? ¿Qué te ha parecido el mozo?

LEONCIA.– No sé, madre, no sé..., un poco paleto, ¿no?

FAUSTINA.– Anda, anda... Estás tú pa exigencias, no te jode. Que cuando te quieras dar cuenta, se te han retirado tus cosas... y me quedo yo sin nietos.

LEONCIA.– Pero madre..., si no sabemos nada de él...

FAUSTINA.– ¿Cómo que no? ¡Que tiene tierras!... ¡y animales!... Con eso vale. ¿Qué más quieres saber?

LEONCIA.– Cuidado si es de esos que pegan a su mujer...

FAUSTINA.– Pues te aguantas. Total, por un par de lapos de vez en cuando, no te vas a morir.

LEONCIA.– ¿Y si ronca?

FAUSTINA.– ¡Pues te jodes! Te pones unos algodones en los oídos y ya está. ¡Que tiene tierras, Leoncia!... ¡Que tiene tierras!... Que estos catetos solterones tienen mucho dinero debajo de un ladrillo..., que te lo digo yo.

LEONCIA.– No sé, madre, no sé...

FAUSTINA.– ¡Tú a callar!... Y déjame a mí, que yo se más que tú de estas cosas.

LEONCIA.– Si es que tampoco es muy guapo que se diga...

FAUSTINA.– ¡Como que tú eres miss Europa, no te jode...! Hazme caso Leoncia, que si no carga éste contigo..., no vamos a ser capaces de colocarte.

LEONCIA.– A lo mejor le huelen los pies ...

FAUSTINA.– Pues mira que bien, con lo que te gusta a ti el queso..., no te va a molestar eso.

LEONCIA.– Pero, y si...

FAUSTINA.– ¡Calla! Que viene ya. Tú, amén a to lo que yo diga.

(Llega Aniceto).

ANICETO.– (*Impaciente).*) ¿Qué? ¿Qué le ha dicho?

FAUSTINA.– Macho, traes una cara de yerno que no puedes con ella. Me ha dicho que en cuando te ha visto se ha enamorao de ti como una loca.

ANICETO.– (*Rebosante de alegría.)* ¿De verdá...?

FAUSTINA.– ¿A que sí, hija?

LEONCIA.– (*Ruborizada, sin atreverse a mirar siquiera.)* Sí..., madre.

FAUSTINA.– Y que está deseando que seas el padre de sus hijos.

ANICETO.– ¿De verdá...?

FAUSTINA.– ¿A que si hija?

LEONCIA.– Sí..., madre.

(Aparece Rosendo, el macarra, y viene hacia el banco)

ANICETO.– (*Aparte.)* ¡Adiós! A que me espanta también a ésta...

ROSENDO.– ¡Joder, tronco! Tú no descansas ¿eeehh?. ¿Con quién estás ligando ahora, colega, con la vieja o con la gorda?

FAUSTINA.– *(Levantándose farruca.)* ¿He oído bien? ¿Me estás llamando vieja o gorda? Si te pego dos hostias..., te voy a poner la cara como un pan.

ROSENDO.– ¡Ahí va...! Qué miedo... Que me pega el vejestorio... *(Se acerca a ella provocativo y vacilón.)* Pero, ¿vas a llegar a la cara para dármelas, vieja...?

FAUSTINA.– A la cara no... ¡pero a los cojones, sí!

(Le da un rodillazo en los testículos y comienza a emitir sonidos y a adoptar posturas de karateka. Rosendo da un grito, retorciéndose de dolor)

ROSENDO.– ¡Aaaayyyyyyy! *(Mientras se va recuperando, saca la navaja del bolsillo y va hacia Faustina)* Mira, vieja..., ¡que yo pincho!, ¿eh...? ¡Que yo pincho!

FAUSTINA.– *(Sacando del bolso un cuchillo de medio metro.)* ¿Qué tu pinchas...? ¡Pues yo rajo, de arriba abajo! *(Se va hacia Rosendo, que sale, corriendo como puede, despavorido.)*

ANICETO.– *(Alucinado.)* ¡Coño! Voy a hacer un negocio redondo; me voy a llevar de un boleo una mujer y un guardaespaldas.

FAUSTINA.– *(Sentándose, como si no hubiera pasado nada.)* ¿Y qué? ¿Para cuándo es la boda?

ANICETO.– Por mí, ahora mismo. Así me la llevo ya pa el pueblo. Por cierto, ¿cómo se llaman ustés?

FAUSTINA.– Yo, Faustina, pero tu me puede llamar Fausti.

ANICETO.– ¿Y la moza?

LEONCIA.– Yo me llamo Leoncia.

ANICETO.– ¡Leche! ¡Como mi mula! Esto sí que es una casualidá.

FAUSTINA.– Pues..., ¡marchando! ¡A casaros ahora mismo! Yo soy la madrina. (*De pronto se da cuenta de que falta algo.*) Pero hay que buscar un padrino...

(*Aparece Anatolio, cruzando por detrás del banco. Faustina va hacia él.*)

FAUSTINA.– ¡Eh, tú! ¡El de las gafas!

ANATOLIO.– ¿Es a mí?

FAUSTINA.– No, al árbol ese, no te jode...

ANATOLIO.– ¡Aahh...! (*Sigue andando*).

FAUSTINA.– ¡Que es a ti, coño!

ANATOLIO.– ¿A mí...?

FAUSTINA.– Si a ti, hombre, a ti. ¿Quieres ser el padrino de una boda, macho?

ANATOLIO.– ¿Eeeeehh...?

FAUSTINA.– (*Voceando.*) ¿Que si quieres ser el padrino de una boda?

ANATOLIO.– ¿Quién? ¿Yo?

FAUSTINA.– ¡Tú, coño, tú!

ANATOLIO.– Yo no sé ser padrino.

FAUSTINA.– ¡Aaahh!...que no has estudiao pa padrino. Pues no te preocupes que yo te doy un cursillo por el camino. (*Le agarra del brazo y se le lleva*) (*A Leoncia.*) Vamos, agarra de brazete a tu novio y tirad palante.

(Salen, agarrados del brazo Leoncia y Aniceto. Detrás, también agarrados del brazo, Faustina y Anatolio, que va alucinado,)

FAUSTINA.– ¡Vivan los novios! (*A Anatolio*) ¡Y tú, grita conmigo también!

ANATOLIO.– (*Con voz atolondrada.*) ¡Vi...ivan... los no...ovios!

Se cierra el telón

EL YERNO DE CHOTO ASTUTO

PERSONAJES

Choto Astuto
Zorro Imbécil
Vaca Loca
Linda Liendre
Bily

(Se abre el telón. En escena el jefe comanche Choto Astuto, sentado al lado de su tienda, frente a una hoguera, mientras el hechicero, Zorro Imbécil, danza alrededor, canturreando algún ritual indio. Sale de la tienda Vaca Loca, esposa de Choto Astuto; éste se levanta enseguida.)

ZORRO IMBÉCIL.– *(Danzando.)* Ula ula ula ualjú..., ula ula ula ulajú...

CHOTO ASTUTO.– ¿Qué tal estar Linda Liendre?

VACA LOCA.– Mal, hija seguir igual. ¿Tú avisar amigo blanco?

CHOTO ASTUTO.– Sí, yo hacer señales de humo. Bily no tardar.

(Zorro Imbécil sigue con su canturreo y su danza alrededor de la hoguera).

CHOTO ASTUTO.– ¡Tú dejar ya de hacer el jilipoyas!

ZORRO IMBÉCIL.– *(Se para.)* Yo hacer rito para aplacar la ira de Manitú con Linda Liendre.

CHOTO ASTUTO.– Pues así..., lo que tú hacer es cabrear más todavía. ¡Vaya un hechicero tonto!

ZORRO IMBÉCIL.– Yo invocar a Manitú.

CHOTO ASTUTO.– ¡Tú marchar a tomar por culo de aquí!

(Zorro Imbécil se va. Choto Astuto vuelve a sentarse, mientras se oye acercarse un caballo al trote. Es Bily, un pistolero atípico, con los pantalones muy caídos, las pistoleras muy bajas, el sombrero echado hacia atrás y un palillo en la boca.)

VACA LOCA.– *(Mirando hacia donde se oía el trote.)* Ser hombre blanco.

BILY.– *(Entrando, levanta la mano y hace el clásico saludo indio.)* ¡Jao!

CHOTO ASTUTO.– ¡Jao!

BILY.– ¿Qué pasa, Choto Astuto? Me has llamado, he visto las señales de humo. Pero, como hacía mucho aire y se movía el humo, no sé si me has dicho: "que venga, echando hostias, que tu hija está mala" o "que tu hija es mu mala y la has dao dos hostias".

CHOTO ASTUTO.– *(Angustiado.)* Mi hija estar mala, necesitar medicina de los rostros pálidos. Tú dar medicina.

BILY.– Pues va a ser que no, ¿eh? Vamos, que si llevo una aspirina en las alforjas es rabiando.

CHOTO ASTUTO.– *(Alterándose.)* ¡Tú curar a Linda Liendre o yo cortar cabellera!

BILY.– Vamos a ver, Choto Astuto, vamos a ver si nos entendemos. O sea, que te traigo yo agua de fuego pa que te emborraches, que luego coges unas cogorzas que no hay quien te aguante; te traigo rifles pa que mates búfalos, que luego, cacho cabrón, los utilizas para asaltar caravanas, que me enterao...; me juego yo el bigote por ti..., que, como se enteren en el fuerte, me fusilan al día siguiente..., ¿y me lo agradeces así...? Vamos, no me jodas Choto, entiendo que estés preocupao por tu hija, coño, pero vamos..., me parece que esto no está ni medio regular.

CHOTO ASTUTO.– *(Tranquilizándose.)* Estar bien. Tú sentar, fumar con jefe pipa de la paz.

(Bily se arrodilla y se sienta sobre los talones, mientras Vaca Loca se sienta también frente a él, como se sientan los indios, con las piernas cruzadas.)

BILY.– Que no fumo, Choto, que te he dicho muchas veces que no fumo, que es mu malo pal pulmón. Si me das un chicle, te lo cojo, pero fumar no, Choto, fumar no.

(Bily vuelve un poco la cabeza y se tapa con la mano, como queriendo evitar mirar a Vaca Loca.)

CHOTO ASTUTO.– ¿Qué pasar a Bily?

BILY.– Pss..., quia..., ésto..., ná, Choto, ná...; tu mujer, coño, tu mujer...,que con estas posturas que cogéis pa sentaros, la estoy viendo las bragas.

VACA LOCA.– *(Tapándose enseguida.)* ¡Ser mentira! Hombre blanco no poder ver bragas a Vaca Loca.

BILY.– ¿Cómo que no...? ¿Cómo que no...? Te voy a decir más..., de piel de cabra negra son, ¿a que sí?

CHOTO ASTUTO.– No, Bily, no, mujer no usar bragas, mujer limpia, chichi ventilado.

BILY.– Bueno, a lo que vamos, dime que es lo que le pasa a tu muchacha.

VACA LOCA.– A hija doler mucho tripa.

BILY.– Bueno... O sea que le duele la tripa... ¿Sólo la tripa?

VACA LOCA.– Sí, sólo tripa.

BILY.– O sea, solo la tripa... ¿Ná más que..., lo que es..., la tripa?

VACA LOCA.– Sí, sí, sólo tripa.

BILY.– Sólo la tripa. Pero..., cagar, ¿caga bien?

VACA LOCA.– No, no cagar..., ni bien..., ni mal..., no cagar.

BILY.– Coñooo..., coñooo... Pues eso es raro, mu raro, porque normalmente, cuando la tripa duele, se caga mucho..., y mu suelto. ¿Y qué más le pasa?

VACA LOCA.– Vómitos, tener vómitos.

BILY.– Coñooo..., coñooo... ¿Y qué más?

CHOTO ASTUTO.– Antojar higos y sólo querer comer higos.

BILY.– ¡Coñooo..., coñooo...! Pues más vale que le des higos, si no..., te va a salir un nieto con un higo en el culo.

CHOTO ASTUTO.– Choto Astuto no entender.

BILY.– ¿Qué ha estado mucho últimamente con algún hombre?

CHOTO ASTUTO.– No, sólo estar con Zorro Imbécil, el hechicero, para curar depresión.

VACA LOCA.–Zorro Imbécil curar depresión, pero hija ponerse mala de tripa.

BILY.– Coñooo..., coñooo... Menudo zorro..., el Zorro Imbécil. Pues, lo siento Choto, no es por disgustarte, a ver si me entiendes, pero me parece a mí..., que el hechicero ha hecho faena.

CHOTO ASTUTO.– Choto Astuto no entender nada.

BILY.– Pa que tú me entiendas..., así pronto y claro... Que se ha cogío, Choto, que se ha cogío, que tu hija se ha cogío de Zorro Imbécil.

CHOTO ASTUTO.– (*Se levanta indignado.*) ¡No! ¡Yo capar a Zorro Imbécil!

BILY.– (*Se levanta para tranquilizarle.*) Vamos, Choto, sosiégate, sosiégate que te va a dar algo y va a ser peor. Lo primero enséñame a la muchacha, que la vea. A lo mejor estoy yo confundío. Te lo voy a decir enseguida. Vamos, si se ha cogío, se lo voy a notar na más verla.

CHOTO ASTUTO.– (*Sentándose, más tranquilo.*) Vaca Loca, tu traer a Linda Liendre.

(Vaca Loca se levanta y entra en la tienda).

BILY.– Y compra unas sillas, coño, por lo menos para cuando vengamos los amigos, que se me está quedando el culo dormío.

(Vaca Loca sale con Linda Liendre. Esta es pequeña, delgada, algo pálida y más bien feucha. Bily se queda mirándola).

BILY.– Pa empezar, Choto Astuto, te voy a decir una cosa. Esta muchacha te salió mal, ¿eh? No te ofendas, pero esta muchacha te salió mal.

CHOTO ASTUTO.– Hija no salir mal, hija enferma, hija estropeada.

BILY.– To lo que tú quieras, Choto, estará mu estropeá, pero ésta, te vino mal ya de fábrica. No es por llevarte la contraria, pero reconócelo, coño, todo el mundo hacemos alguna chapuza de vez en cuando... Y esta muchacha te salio ¡mal!... *(La vuelve a mirar)* ¡Pero mu mal! De momento, fíjate lo grande que eres tú, lo grande que es la madre..., y lo escuchimizá que es la jodía. Te salió mal, Choto, te salió mal. Mal, mal, mal...

CHOTO ASTUTO.– ¡Vale! ¡Hija salir mal! No hacer falta que tú restregar más en hocicos. Salir mal, coño, salir mal. Una mala noche tener cualquiera.

BILY.– Que sí, Choto, que sí, si no pasa ná, si un fallo le tiene cualquiera, estamos de acuerdo, pero hay que reconocer las cosas, hombre.

(Bily se acerca a Linda Liendre, la examina, la mira los ojos, la lengua...)

BILY.– Vamos..., yo no soy médico, Choto, pero esto está mu claro; aparte de los defectos de fabricación que trae tu muchacha..., Zorro Imbécil ha hecho faena, ¿eh?

CHOTO ASTUTO.– *(Enfurecido.)* ¡Yo matar a ese capullo!

BILY.– ¿Y que vas a adelantar, Choto, que vas a adelantar? Si la faena ya está echa, con que le mates no lo arreglas.

CHOTO ASTUTO.– Yo colgar de cataplines al sol hasta morir. Sólo con venganza ver aplacada mi ira.

BILY.– Que no, Choto, que no, no te sulfures que eso no es razonar. Cásalos y a tomar por culo. Joder, que tampoco es tan malo tener un yerno hechicero. Hombre, si fuera ingeniero, mejor, pa que nos vamos a engañar, pero si no puede ser, pues no puede ser.

CHOTO ASTUTO.– ¡Yo no querer de yerno a Zorro Imbécil!

BILY.– ¿Por qué, Choto, por qué? Le quitas los cuernos esos que lleva, que parece que hace feo, más que ná por tu hija, le lavas bien lavao, le vistes un poco, que así, medio en cueros, parece que pierde más todavía..., ¡quia! Y tienes un yerno. No es que sea ná del otro mundo, pero seguro que te vale pa yerno. Además, te voy a decir una cosa..., a esa muchacha no ibas a ser capaz de colocarla así como así...

CHOTO ASTUTO.– Yo tener guardada a Linda Liendre para Bily.

BILY.– (*Sobresaltado.*) ¿Eeeehhh?... ¡Quieto parao! Quieto parao, Choto, quieto parao...

CHOTO ASTUTO.– (*Ofendido.*) ¿Tú despreciar hija a Choto Astuto?

BILY.– No, Choto, no..., no es un desprecio... no te alteres. Mira, de verdad que te lo agradezco un montón..., es más, me parece un detallazo por tu parte, pero no está bien, Choto, no está bien... Si la muchacha quiere a Zorro Imbécil..., no le des ese disgusto, coño.

(Linda Liebre, que hasta ahora había permanecido callada, salta enseguida, con una voz aún más desagradable que su figura.)

LINDA LIEBRE.– ¡No! Yo preferir a Bily mejor que a Zorro Imbécil.

BILY.– (*Aparte.*) ¡La madre que la parió...! ¡Joder con la niña...! ¡Y encima caprichosa!

CHOTO ASTUTO.– ¿Ver, Bily...? Tú no preocupar, Linda Liendre quererte a ti, tú casar con hija.

BILY.– (*Cada vez más apurado.*) Vamos a ver..., vamos a veeeerrrr, vamos a ver..., Choto Astuto, vamos a veeerrr... ¿Tú crees que está bonito que Zorro Imbécil haga la faena y yo cargue con el mochuelo? ¿Eh...? ¿Tú crees que eso está bien?

LINDA LIEBRE.– (*Lloriqueando.*) ¡Papiiiii...! ¡Bily llamar mochuelo a Linda Liendreeee...!

VACA LOCA.– (*A Choto Astuto.*) Tú no consentir que hombre blanco ofender a hija, tú cortar cabellera.

BILY.– No malmetas, Vaca Loca, no malmeeeetas... No malmetas..., que lo de mochuelo es un decir, joder.

VACA LOCA.– No ser un decir..., ser un insultar.

BILY.– Que no, Vaca Loca, que no. Tú a callar, tú a callar que estás más guapa callá... Más valiera que te pusieras bragas, que como se te meta un bicho por la rendija, ahí sentá en el suelo..., ya tenemos el disgusto.

CHOTO ASTUTO.– Bily tener razón, ¡las mujeres a callar!

VACA LOCA.– (*Aparte.*) ¡Machista!

BILY.– Tú hazme caso a mí, Choto, tú hazme caso a mí, que sabes que yo te aprecio y te doy buenos consejos. Además, que lo mismo estamos hablando por hablar, que a lo mejor no es Zorro Imbécil el de la faena, a lo mejor es otro que te gusta más pa yerno.

CHOTO ASTUTO.– Yo querer a Bily de yerno.

BILY.– ¡La jodimos...! Vaya un cariño que me has cogío, Choto, ¿eeehh...?. Tú pregúntala a ella, tú pregúntala a ver si la sonsacas, que a lo mejor ha sido otro que te gusta más.

CHOTO ASTUTO.– ¡Buff! Linda Liendre se muy trolera.

LINDA LIEBRE.– (*Lloriqueando.*) ¡Yo no ser trolera, papi...!

CHOTO ASTUTO.– ¡Chsssttt...! ¡A callar!

BILY.– Pues pregunta a Zorro Imbécil.

CHOTO ASTUTO.– ¡Bueno...! Ese, además de trolero, ser jilipoyas perdío.

BILY.– Bueno, yo casi mejor me voy, que tengo un montón de cosas que hacer. Tú interrógalos, interrógalos con astucia, que pa eso te llamas Choto Astuto, y ya me contarás. Yo, ya sabes tú que te aprecio, y, vamos..., que estaría encantao de ser tu yerno..., pero lo que no está bien..., no está bien, Choto. Así que..., ¡hala!, te dejo que tienes tarea.

(Se va Bily. Choto Astuto se queda mirando a Linda Liendre, que permanece con la cabeza agachada. Vaca Loca, a su lado, permanece callada, observando.)

CHOTO ASTUTO.– (*Con tono autoritario.)* Yo, sólo preguntar una vez, Linda Liendre, ¿quién ser el de faena?

(Linda Liendre sigue cabizbaja, sin contestar).

CHOTO ASTUTO.– (*Subiendo el tono)* ¿Quién ser el de faena?

VACA LOCA.– Dos.

CHOTO ASTUTO.– ¿Eehh...?

VACA LOCA.– (*Enseñando dos dedos.)* Dos.

CHOTO ASTUTO.– (*Atónito.)* ¿Cómo...? ¿Ser dos los que hacer faena...?

VACA LOCA.– No, que tú decir que sólo preguntar una vez..., y ya ser dos.

CHOTO ASTUTO.– ¡Tú a callar!

VACA LOCA.– (*Aparte.*) ¡Machista!

CHOTO ASTUTO.– (*A voces.*) ¿Quién ser el de faena?

VACA LOCA.– Tres.

CHOTO ASTUTO.– ¿Quiéééén...?

VACA LOCA.– Tres veces.

CHOTO ASTUTO.– ¿Quién ser ése?

VACA LOCA.– No, que tú decir que sólo preguntar una vez, y ya ser tres veces.

CHOTO ASTUTO.– ¡Tú a callar!

VACA LOCA.– (*Aparte.*) ¡Machista!

CHOTO ASTUTO.– (*A Linda Liendre, más cabreado aún.*) ¡Tú contestar!

LINDA LIEBRE.– Yo no saber, papi..., a lo mejor ser obra de Manitú.

CHOTO ASTUTO.– ¡Si, y yo chupar dedo...! Y hechicero no ser hechicero, ser carpintero..., y tú tener un hijo que venir a salvar a indios... Mira, Linda Liendre, yo ver a ti de echar trolas gordas..., pero con ésta..., tú pasarte tres poblados.

LINDA LIEBRE.– Pues no saber, papi, yo no saber como pasar faena.

CHOTO ASTUTO.– (*Levantándose.*) Pues tú pensar, y pensar bien..., porque, cuando sol meter por horizonte, yo salir con estaca sabia y si tú no decir verdad, los morros de Linda Liebre inflamarse mucho, pero mucho, mucho. (*A vaca Loca.*) Vamos, Vaca Loca, dejar pensar a solas. (*Se meten los dos en la tienda.*)

(*Aparece, sigiloso, Zorro Imbécil.*)

ZORRO IMBÉCIL.– ¡Chssss...chisssst...! ¡Linda Liendre...!

(*Linda Liendre se levanta y va hacia él.*)

LINDA LIEBRE.– Zorro Imbécil, yo no tener más remedio que delatarte.

ZORRO IMBÉCIL.– ¡No, porfa, Linda Liendre! Choto Astuto colgar de cataplines... Yo escuchar todo detrás de ese matorral.

LINDA LIEBRE.– ¡Nos ha jodío...! Si yo no decir verdad a padre, para que padre no colgar de cataplines a Zorro Imbécil, padre inflar a hostias a Linda Liendre. Y yo no querer que padre inflar a hostias a Linda Liendre, yo preferir que padre colgar de cataplines a Zorro Imbécil...

ZORRO IMBÉCIL.– Pero yo tener idea para que padre no tener que inflar a hostias a Linda Liendre ni tampoco tener que colgar de cataplines a Zorro Imbécil.

LINDA LIEBRE.– Ser raro que tú buena idea...

ZORRO IMBÉCIL.– Tú decir que ser Bily el que hacer faena y todos quedar contentos. Tú quedar a Bily, padre tener yerno que él querer y yo salvar cataplines.

LINDA LIEBRE.– Tú no ser más tonto porque no entrenar... Choto Astuto no creer a Linda Liendre..., si decir que ser Bily el de faena.

ZORRO IMBÉCIL.– Sí, no tener más remedio que creer con prueba que tú aportar.

LINDA LIEBRE.– ¿Qué prueba ser esa?

ZORRO IMBÉCIL.– Bily tener gran lunar en culo. Cuando muchacho nacer, tú tatuar gran lunar en culo muchacho; cuando Bily enseñar culo a padre, padre convencido de que Bily ser faenero.

LINDA LIEBRE.– ¿Y si Bily no querer enseñar culo a padre?

ZORRO IMBÉCIL.– Entonces, padre sospechar que Bily tener lunar en culo que esconder y por eso no enseñar.

LINDA LIEBRE.– No, si, a lo mejor, tú no ser tan tonto como parecer...

ZORRO IMBÉCIL.– Tú confiar en mí; yo no tener pelo de tonto.

LINDA LIEBRE.– Y..., ¿ tú como saber que Bily tener gran lunar en culo?

ZORRO IMBÉCIL.– Yo pillar una vez a Bily cagando en pradera y ver culo de cerca.

(Se van los dos. Apagón de luces. Al encenderse de nuevo, aparecen en escena, sentados alrededor de la hoguera, Choto Astuto, Vaca Loca y Linda Liendre, que tiene ya un niño en brazos. Se oye un trote de un caballo y llega Bily.)

BILY.– ¡Jao!

CHOTO ASTUTO.– ¡Jao! Pasar muchas lunas desde última vez que ver a Bily.

BILY.– *(Mirando al cielo.)* Que va, si es la misma, Choto, si es la misma, que ha dao muchas vueltas, pero es la misma... Que no estás al día en astronomía, Choto. Esa que ves hoy..., es la misma que vas a ver mañana..., que se ha dao la voltereta. Tos los días se da una vuelta alrededor de la tierra..., ¡qqquii! y aparece otra vez. Pero es la misma... Unos días la veras que parece una raja de melón..., y otros días que parece una raja de sandía..., pero es la misma. No te creas que son muchas..., porque es la misma... ¡Es la misma!

CHOTO ASTUTO.– ¡Yaaaa...! Ser la misma, coño, ser la misma, yo enterar ya que ser la misma, pero la misma pasar muchas veces desde que tú venir por aquí.

BILY.– Bueno, a lo que vamos, me has llamao. Cada vez me lío más con tus señales de humo cuando hace aire. No sé si me has dicho "que ha nacío el muchacho, que venga, pa que me le enseñas y me voy a tomar por culo..., o "que ha nacío el muchacho y que venga a ver por qué no te quiere enseñar el culo..." No sé, un lío de la leche.

CHOTO ASTUTO.– No, yo querer que Bily enseñar culo a Choto Astuto.

(Bily, sin dar crédito a lo que oye, se mete el dedo en el oído y lo agita repetidamente.)

BILY.– ¿Me estás diciendo..., que..., quieres que te enseñe el culo?

CHOTO ASTUTO.– Si, yo querer ver culo tuyo.

BILY.– Pero..., ¿el mío..., mi culo...?

CHOTO ASTUTO.– ¡Sí! El tuyo, coño..., culo de Bily.

BILY.– *(Alucinando.)* Vamos a ver Choto, vamos a ver... ¿Qué has bebío? ¿Qué has bebío, Choto, que has bebío?... ¿No te habrás bebío el orín del hechicero, como la otra vez, creyendo que era whisky?

CHOTO ASTUTO.– ¡Yo no beber nada, solo querer ver culo a Bily!

BILY.– ¡La madre que me parió...!¡Ahora quiere verme el culo! Pero..., ¿y ese antojo, Choto, como te ha venío ese antojo...? ¿No te habrás hecho julandrón a estas alturas...? Si la culpa la tengo, coño, la culpa la tengo yo... Tanto whisky y tanta leche..., le estoy volviendo un vicioso.

VACA LOCA.– ¡Tú enseñar culo, ya de una vez!

BILY.– ¡Mira...! La Vaca también nos ha salido viciosilla... ¡Pues te vas a ver negra, rica!... ¿Que te digo yo a ti que me enseñes el cepillo...? Al contrario, te digo que te le tapes... ¡No te jode...!

LINDA LIEBRE.– Vamos Bily, porfa, tu enseñar culo, solo una vez.

BILY.– ¡Pero bueno!... También la Liendre... ¡Pero, esto es una familia de degeneraos!... Ya solo falta que me lo pida también el muchacho. (*Dirigiéndose al bebé.*) ¿Tú también me quieres ver el culo, rico?

CHOTO ASTUTO.– (*Muy cabreado y a voces.*) ¡Tú enseñar culo ya de puñetera vez..., o yo cortar cabellera ahora mismo!

BILY.– (*Asustado, mientras empieza a desabrocharse el cinturón.*) Si me lo pides así, te enseño el culo, el culete, la cola y el ojete... Pero... (*Reparando en las mujeres.*) A ti solo, ¿eh...? Dentro de la tienda... Pero pasa tu primero, que te quiero ver de frente..., y sin tocar, ¿eh...? Se ve pero no se toca...

(*Entran los dos en la tienda y salen al momento. Choto Astuto le echa la mano por encima del hombro a Bily, con cara de satisfacción.*)

CHOTO ASTUTO.– No caber menor duda, Bily ser padre de mi nieto y yerno mío.

BILY.– (*Retirándose alarmado.*) ¡Y dale! ¡Vaya un cariño que me has cogío!, ¡muchacho!... ¿Qué pasa..., que lo único que no te terminaba de convencer era mi culo y ya te ha convencío?

CHOTO ASTUTO.– Tú ser el faenero, tener lunar en culo igual al de muchacho. Mira. (*Le enseña el lunar del niño.*)

BILY.– ¡Nos ha jodío...!¡También tiene la misma cara de jilipoyas que Zorro Imbécil!

VACA LOCA.– Choto Astuto, tu no consentir que insultar nieto.

BILY.– (*A Choto Astuto.*) Dila que se calle, anda, dila que se calle.

CHOTO ASTUTO.– ¡Tú a callar!

VACA LOCA.– (*Aparte.*) ¡Machista!

CHOTO ASTUTO.– Linda Liendre reconocer que tú ser el padre.

BILY.– No me jodas, Choto, si sabes que tú hija es una trolera...

CHOTO ASTUTO.– Sí, pero lunar culero no mentir. Tú ser el de la faena. Y tú ya saber proverbio comanche:

> Cuando calvo hacer faena
> y dueño no remediar,
> estar muy clara la pena
> que el Consejo ha de aplicar.
> Para honor quedar a salvo
> esta pena ser primera:
> "cortar la cabeza al calvo
> y al dueño la cabellera".

BILY.– (*Cada vez más preocupado.*) Pero Choto, pero Choto... ¿Cómo voy a hacer yo una faena de éstas sin percatarme?

LINDA LIEBRE.– Bueno..., Bily gustar mucho a Linda Liendre..., y, uno de los días que traer whisky, Bily estar muy borracho y Linda Liendre aprovechar ocasión.

BILY.– ¡La leche que me han dao!... O sea, que va a ser hasta verdad... Si no me está mal empleao, por emborracharme...

CHOTO ASTUTO.– (*Muy contento.*) Bueno, marchar todos a preparar ceremonia nupcial.

(Zorro Imbécil entra, mientras salen los demás, danzando alrededor de la hoguera y cantando con el tono del principio: "Vivaan los novio, ulajú..., .vivaan los novios, ulajú...". Bily, que se ha quedado más rezagado que los demás, le mira.)

BILY.– Danza, danza, cacho cabrón, de la que te he librao... ¡Quién me mandaría a mí meterme a adivino...! Oye, Zorro Imbécil, ¿tú sabes si duele mucho que te corten la cabellera?

ZORRO IMBÉCIL.– ¡Buufff!...Doler mucho más que patada en huevos.

BILY.– *(Dando un gritito como de dolor.)* ¡Hostii...! ¡Pero qué mala suerte tengo, coño!

ZORRO IMBÉCIL.– Tú no mala suerte, tu casar con hija jefe.

BILY.– Que no tengo mala suerte... Más que Jhony Salchicha.

ZORRO IMBÉCIL.– ¿Qué pasar a Jhony Salchicha?

(Linda Liendre se retrasa de nuevo y se le lleva del brazo.)

BILY.– Que se cayó de espaldas y se trochó la pi...erna.

ZORRO IMBÉCIL.– ¡Joder! También ser mala suerte, sí. *(Sigue danzando.)* ¡Vivaan los novios..., ulajú!¡ Vivaan..., los novios... ulajú...

Se cierra el telón

DON SABINO CURATRAUMAS

PERSONAJES

Doctor
Enfermera
Federica
Pedro
Gerundio

(Se abre el telón. Decorados del despacho de un psiquiatra, Don Sabino Curatraumas, que está, sentado en su mesa, hojeando unos papeles. Entra Eladia, la enfermera.)

ENFERMERA.– Un tal señor Gerundio, ¿que si puede pasar?

DOCTOR.– ¿Gerundio...?

ENFERMERA.– Si, eso ha dicho.

DOCTOR.– ¡Vaya nombrecito...! Que pase, que pase.

(Gerundio da dos toquecitos en la puerta y asoma la cabeza.)

GERUNDIO.– ¿Se puede ir pasando?

DOCTOR.– Sí, sí, pase por favor.

GERUNDIO.– *(Pasando.)* Buenos días están haciendo.

DOCTOR.– Buenos días, siéntese por favor.

GERUNDIO.– *(Sentándose.)* Agradeciendo.

DOCTOR.– ¿Se llama usted Gerundio?

GERUNDIO.– Me estoy llamando Armando Ferrando Hernando, pero todos me van llamando Gerundio.

(El médico se queda abstraído en sus pensamientos durante unos instantes. Gerundio le llama la atención.)

GERUNDIO.– ¿Me está escuchando?

DOCTOR.– ¡Ah! Sí, perdone, es que estaba pensando que por qué le llamarían Gerundio.

GERUNDIO.– Pues no está haciendo falta que esté usted pensando, porque ya lo irá notando según vayamos hablando.

DOCTOR.– *(Empieza a darse cuenta.)* Ya me lo estoy imaginando... Le gusta a usted hablar mucho en gerundio, ¿no?

GERUNDIO.– No es que me esté gustando, es que no estoy pudiendo estar hablando de otra manera.

DOCTOR.– Es curioso el caso...

GERUNDIO.– ¿Qué está usted creyendo que puede estar siendo?

DOCTOR.– No sé, no sé... Pudiera ser un trauma infantil por llamarse "Armando Ferrando Hernando".

GERUNDIO.– ¿Y usted está pudiendo irme diciendo si, esto que me está ocurriendo, está siendo grave o se me irá pasando?

DOCTOR.– Pues no lo estoy sabiendo... Digooo..., pues no lo sé todavía. Me va a contestar usted a unas cuantas preguntas, a ver si se confirman mis sospechas.

GERUNDIO.– Cuando usted vaya queriendo.

(Coge el bolígrafo y empieza a tomar notas, mientras le va haciendo preguntas.)

DOCTOR.– ¿De dónde es usted?

GERUNDIO.– De Guisando.

DOCTOR.– ¿Está casado?

GERUNDIO.– Si, pero me estoy separando.

DOCTOR.– ¿Y eso por qué?, si no es indiscreción.

GERUNDIO.– Porque mi mujer se está cansando de estarme siempre escuchando de estar hablando como estoy hablando.

DOCTOR.– ¿Tiene hijos?

GERUNDIO.– Si, dos, Fernando y Servando.

DOCTOR.– ¿A qué se dedica?

GERUNDIO.– Al contrabando.

DOCTOR.– ¿Cómo?

(El médico le mira extrañado y él se encoge de hombros, como diciendo: "Es lo que hay".)

GERUNDIO.– He estado buscando pero no he estado encontrando otra cosa donde estar trabajando.

DOCTOR.– ¿Aficiones?

GERUNDIO.– Estar viajando.

DOCTOR.– ¿Fuma?

GERUNDIO.– Lo estoy dejando.

DOCTOR.– ¿Bebe?

GERUNDIO.– De vez en cuando.

DOCTOR.– Cuando va al servicio..., ¿lo hace duro?

GERUNDIO.– Blando.

DOCTOR.– Y dormir..., ¿duerme bien?

GERUNDIO.– ¡Pssst...! Me estoy durmiendo leyendo.

DOCTOR.– ¿Qué lee?

GERUNDIO.– *La venganza de Don Mendo.*

DOCTOR.– ¿Cómo come?

GERUNDIO.– Comiendo.

DOCTOR.– Ya, hombre..., ¿que si come bien?

GERUNDIO.– Sí, cuando meriendo.

DOCTOR.– ¿Hace deporte?

GERUNDIO.– Sí, corriendo.

DOCTOR.– O sea que, físicamente se encuentra bien, ¿no?

GERUNDIO.– ¡Estupendo!

DOCTOR.– Bueno, esto no creo que sea grave. Un poco pesado de oír, sí, eso sí, ¿eh...? La verdad es que cansa tanto gerundio. (*Aparte*). No me extraña que se quiera separar su mujer.

GERUNDIO.– ¿Pero, que está siendo lo que estoy teniendo?

DOCTOR.– Para mí el diagnóstico no admite dudas. Usted tiene un claro trauma infantil, por llamarse como se llama, agravado por una cadena de circunstancias que concurren en su vida y que han motivado que el subconsciente esté totalmente absorbido por el gerundio y provoque que usted lo utilice de manera obsesiva.

GERUNDIO.– ¿Y qué estaría pudiendo hacer, doctor?

DOCTOR.– Vamos a ver, dígame usted el presente del verbo andar.

GERUNDIO.– Andando.

DOCTOR.– No, ando.

GERUNDIO.– "Noando".

DOCTOR.– No. (*Haciendo una señal de "alto", con las manos*). Diga..., "ando"

GERUNDIO.– Andando.

DOCTOR.– ¡Pchh...! No. Vamos a ver otro... A ver dígame el presente del verbo "ir".

GERUNDIO.– (*Se queda un momento pensando.*) Yendo.

DOCTOR.– Noooo... "Voy".

GERUNDIO.– ¿Dónde?

DOCTOR.– Que es... ,"voy",

GERUNDIO.– ¿Quién es boy?

DOCTOR.– El presente del verbo ir...

GERUNDIO.– Aaaahhhh..., entendiendo.

DOCTOR.– A ver, otro. Dígame el presente del verbo "vender".

GERUNDIO.– Vendiendo.

DOCTOR.– ¡Noooo...! "Vendo". Es usted duro de mollera..., ¿eehh? Y no se ofenda.

GERUNDIO.– No, si no me ofendo.

DOCTOR.– ¡Lo ha dicho!

GERUNDIO.– ¿Quién?

DOCTOR.– ¡Usted!

GERUNDIO.– ¿El qué he estado diciendo?

DOCTOR.– El presente del verbo ofender. Por fin no ha dicho el gerundio. No ha dicho "ofendiendo", ha dicho "ofendo", "si no me ofendo"...

GERUNDIO.– *(Encogiéndose de hombros.)* No le entiendo...

DOCTOR.– ¡Otro! ¡Ha dicho otro!

GERUNDIO.– ¿Pero, que está diciendo?

DOCTOR.– Que ha dicho entiendo, y no entendiendo. *(Se queda un momento pensativo)*. Claro, que todos los presentes que dice acaban en "endo"..., pero bueno, algo vamos consiguiendo.

GERUNDIO.– ¿De verdad? ¿No me está mintiendo?

DOCTOR.– Ya lo está viendo. Ha dicho usted "ofendo" y "entiendo".

GERUNDIO.– ¿Y qué?

DOCTOR.– Pues que esos son presentes y no gerundios. ¿Lo va captando?

GERUNDIO.– O sea, que estoy progresando.

DOCTOR.– Ya va acertando. Lo primero que hay que hacer es acabar con todas esas circunstancias que motivan que usted tenga que pronunciar continuamente palabras terminadas en "ando" y en "endo".

(Coge el cuestionario que le ha hecho anteriormente.)

DOCTOR.– Vamos a ver, cuando le pregunten que de donde es, no vuelva a decir que es de Guisando.

GERUNDIO.– ¿Y de donde voy a ir diciendo?

DOCTOR.– Pues..., de Arenas de San Pedro, que está al lado.

GERUNDIO.– Pero si estamos siempre regañando los de Arenas con los de Guisando.

DOCTOR.– Es igual, desde ahora es usted de Arenas de San Pedro. ¿De dónde es usted?

GERUNDIO.– De Guisandooo...

DOCTOR.– ¡No!, ya no. ¿De dónde es usted?

GERUNDIO.– (P*esaroso.)* De Arenas de San Pedro.

DOCTOR.– Así me gusta. (*Vuelve a mirar al papel.)* En cuanto llegue a su casa manda usted a su mujer a "hacer gárgaras", pero no vuelva a decir que se está separando..., porque ya está separado. ¿De acuerdo? (*Gerundio asiente con la cabeza)*. ¿Qué es lo que va a mandar hacer usted a su mujer en cuanto llegue a su casa...?

GERUNDIO.– (*Simula hacer gárgaras.*) Glu..., glu..., gluuuu...

DOCTOR.– ¿Qué hace usted?

GERUNDIO.– Lo que me ha estado diciendo que le vaya mandando a mi mujer que vaya haciendo..., gárgaras.

DOCTOR.– No hombre, no, quiero decir que la mande usted a hacer puñetas..., ¡a tomar por culo, coño!

GERUNDIO.– ¡Aaaahhh...!, comprendiendo.

DOCTOR.– A ver, en cuanto llegue a su casa, va a mandar usted a su mujer a tomar...

GERUNDIO.– ¡Por culo...!

DOCTOR.– ¡Muy bien! Así me gusta. (*Mira de nuevo el cuestionario.*) A sus hijos..., se acabó el llamarlos Fernando y Servando.

GERUNDIO.– ¿Me está diciendo que tengo que ir cambiando el nombre a mis hijos...?

DOCTOR.– No, pero a partir de ahora..., Ferna y Serva.

GERUNDIO.– Valiendo, Ferna..., y Serva.

DOCTOR.– El contrabando se acabó. Ya se está usted buscando otro trabajo, aunque sea de mamporrero.

GERUNDIO.– (*Con resignación.*) Me estoy viendo en el metro, pidiendo...

DOCTOR.– ¡Nooo...! "Pidiendo"..., no, que acaba en "endo".

GERUNDIO.– ¡Pues entonces, robando!

DOCTOR.– ¡Nooo..! Que acaba en "ando". Yaaaa..., encontrará algo, no se preocupe. *(Mira el papel.)* Bueno, le permito que le guste viajar, pero no vuelva a decir que su afición es "estar viajando", sino..., "ir de viaje". A ver, a usted lo que más le gusta es irrr...

GERUNDIO.– A Guisando.

DOCTOR.– ¡Nooo! A usted lo que más le gusta es ir "de viaje".

GERUNDIO.– Sííí..., pero a Guisando.

DOCTOR.– ¡No!, de viaje y punto. No puede decir a Guisando.

GERUNDIO.– ¡Ah!

DOCTOR.– *(Mirando el papel.)* Cuando le pregunten que si fuma, nada de decir que lo está dejando; a partir de hoy dos paquetes diarios se tiene que fumar. Y beber, todos los días..., y mucho, nada de..., "de vez en cuando". *(Pausa. Sigue mirando el papel.)* Arroz, a partir de mañana coma mucho arroz, que estriñe mucho, para que lo haga duro en vez de blando. Y nada de dormirse leyendo; la tele, vea usted la tele, se pone el programa de Sánchez Dragó..., y verá que pronto se duerme. Y, por supuesto, se acabó el hacer deporte corriendo, todo el día tumbado "a la bartola"; así, cuando le pregunten que cómo se encuentra físicamente..., fumándose dos paquetes diarios, empinando el codo todos los días y sin dar "ni palo"..., no creo que se encuentre usted estupendo... ¿Cómo se va a encontrar usted?

GERUNDIO.– ¡Hecho una mierda!

DOCTOR.– ¡Perfecto! Esto va viento en popa.

GERUNDIO.– (*Esperanzado.*) ¿Usted está creyendo que me iré curando?

DOCTOR.– Por supuesto, ¿por qué cree usted que me llaman a mí Sabino Curatraumas...? ¿Por qué soy un cura con muchos traumas...? Pues no, señor, porque soy el mejor curador de traumas del mundo.

GERUNDIO.– (*Se le alegra la cara.*) ¡Cuánto me estoy alegrando!

DOCTOR.– Bueno, pues va a seguir usted todas las pautas que le he marcado y en un par de meses..., nuevo. (*Se levanta.*) Y ahora, si no le importa, me paga usted la consulta. Son cien euros.

(*Gerundio saca la cartera y le paga.*)

DOCTOR.– Muy bien. ¿Me quiere seguir "pagando" o ya está todo?

GERUNDIO.– ¡Ya está todo! ¿Le parece poco...? ¡No te jode!

DOCTOR.– Muy bien, ni un gerundio, esto mejora a pasos agigantados. No hay mejor sistema para todo que tocar el bolsillo.

(*Se marcha Gerundio. Enseguida entra la enfermera.*)

ENFERMERA.– Doctor, el señor que se ha ido no me ha querido pagar, cuando le he dicho que me tenía que dar sesenta euros de la consulta, por poco me pega.

DOCTOR.– No se preocupe Eladia, ya le había cobrado yo. ¿Hay alguien esperando?

ENFERMERA.– Sí, otro señor.

DOCTOR.– Pues que vaya pasando. Digooo..., que pase.

ENFERMERA.– Muy bien. (*Sale.*)

(*Asoma la cabeza por la puerta Pedro, un hombre que, cada vez que habla, no puede decir más de tres palabras seguidas sin hacer una pedorreta con la boca. Lleva un ojo morado.*)

PEDRO.– ¿Se puede pasar? prrrrr...

DOCTOR.– Adelante. (*Pedro pasa.*) Siéntese por favor. (*Se sienta.*) ¿Cómo se llama usted?

PEDRO.– Pedro Reta prrrrrr..., pero todo el mundo prrrrr, me quita la erre prrrrr, y me llaman "Pedo..., rreta", prrrrrrr.

DOCTOR.– ¿Qué es lo que le pasa?

PEDRO.– ¡Ah! ¿Todavía prrrrr..., no lo ha notado, prrrrrr...?

DOCTOR.– Sí que le noto algo raro, sí. ¿Tiene usted complejo de ametralladora o es que ventosea por la boca?

PEDRO.– Ninguna de las dos prrrrrr..., cosas, simplemente que prrrrrr..., no sé decir más prrrrrrr..., de tres palabras sin hacer prrrrrr..., una pedorreta. ¿Por qué cree usted prrrrrr..., que me llaman "Pedorreta"?, prrrrrr...

DOCTOR.– Ya, ya, ya... Lo primero que tenemos que saber es si esto es el motivo o la consecuencia de que le llamen "Pedorreta".

PEDRO.– ¿Cómo?, prrrr, no le comprendo.

DOCTOR.– Que si lo empezó a hacer antes o después de que le llamaran "Pedorreta".

PEDRO.– Ya no me acuerdo prrrr..., .pero creo que después prrrrr...

DOCTOR.– Entonces va a ser otro trauma infantil propiciado por el nombre.

PEDRO.– ¿Otroo...? Prrrrr..., ¿es que tengo más?, prrrrr...

DOCTOR.– No, no, lo digo por el señor que atendí antes que a usted.

PEDRO.– O sea que prrrrr..., esto va ser culpa prrrr..., de los que empezaron a llamarme prrrrr... , "Pedorreta".

DOCTOR.– De ellos y de su padre.

PEDRO.– De mi padre prrrrrr..., ¿por qué?

DOCTOR.– Hombre, porque hay que tener delito para, llamándose Reta de apellido, ponerle Pedro de nombre.

PEDRO.– Sí, es verdad prrrrr...Yo creo que lo hizo prrrrrr..., "a mala leche", porque él prrrrr..., se llamaba Pío.

DOCTOR.– Entonces, no diga usted más. Por cierto, ¿qué le ha pasado en el ojo?

PEDRO.– Pues mire usted prrrrrr..., que ayer iba en el metro, prrrrrr..., y a mi lado iba un bigardo prrrrr..., de dos metros de alto prrrr..., y uno de ancho prrrrr..., y, en un movimiento prrrrr..., de esos del metro prrrr..., le pisé, sin querer, prrrrrr..., en un juanete; él prrrrrr..., me dijo: "Mire usted por donde pisa" prrrrrr...,y yo le dije: "Perdone prrrrrrrr"...,el resto, ya se lo puede prrrrr..., imaginar...

DOCTOR.– Sí que tiene usted un problema, sí. Vamos a ver si se lo arreglamos pronto.

PEDRO.– Sí, por favor, doctor..., prrrrr..., porque este es el tercer prrrrr..., puñetazo en un mes.

DOCTOR.– A ver, diga..., "Debajo de un carro..., había un perro."

PEDRO.– Debajo de un carro prrrrrr, había un perro...

DOCTOR.– Venga un poquito más deprisa, a ver si nos saltamos la pedorreta.

PEDRO.– *(Diciéndolo muy deprisa.)* Debajo de un carro había un perro prrrrrr...

DOCTOR.– Muy bien, ya ha aguantado usted más. Vamos a ver ahora, diga...: "Debajo de un carro, había un perro, llegó otro perro y le mordió el rabo".

PEDRO.– Debajo de un carro había un perro prrrrrr, llegó otro perro prrrrrr, y le mordió el rabo prrrrrrr.

DOCTOR.– Venga todo seguido, un poquito más deprisa...

PEDRO.– Debajo de un carro había un perro llegó otro perro y le mordió prrrrrrr, el rabo...

DOCTOR.– ¡Ayyyy...! Casi, casi..., por poco... Venga otra vez, un poquitín más rápido.

PEDRO.– Debajo de un carro había un perro llegó otro perro y le mordió el rabo...(*Termina sin aire, respirando profundamente.*)

DOCTOR.– ¡Bien! ¡Muy bien!

PEDRO .- Prrrrrrrrrrrrrrrrrrrrrrrrrrrrrrrrrrrrrrrrrr...

DOCTOR.– Bueno ya hemos conseguido algo. Ahora, va a hacer usted una cosa; va usted a repetirlo deprisa, como ahora, pero, al acabar, enseguida, se tapa usted boca y nariz con las manos, todo el tiempo que pueda aguantar sin respirar, para evitar que le salga el prrrrr...

PEDRO.– De acuerdo prrrrrr...

DOCTOR.– Vamos, coja aire y..., ¡ al ataque!

(Pedro coge aire y suelta la retahíla.)

PEDRO.– (*Muy deprisa.*) Debajo de un carro había un perro llegó otro perro y le mordió el rabo. (*Inmediatamente se tapa nariz y boca, aguantando la respiración. De pronto empieza a ponerse rojo, los ojos se le ponen como platos y se oye otra larga y sonora pedorreta.*)

DOCTOR.– (*Confuso.*) ¿Ha sido usted? (*Pedro asiente con la cabeza.*) Pero, si tenía totalmente tapada la boca y la nariz.

PEDRO.– (*Avergonzado.*) Sííí..., prrrrr..., no ha sido..., con la boca, prrrrrr.

DOCTOR.– (*Respira tres o cuatro veces seguidas, encogiendo la nariz, con cara de contrariedad.*) Ya, ya, ya lo noto, ya...

PEDRO.– Por algún sitio prrrrrr..., tenía que explotar.

DOCTOR.– En fin este remedio le desechamos por ser peor "el remedio que la enfermedad". Pasemos al plan "b".

PEDRO.– ¿Y cual es prrrrrr..., el plan "b".

DOCTOR.– Lo que yo llamo "operación apretón de cataplin". Suele ser infalible; un poco dolorosa, sí, pero casi infalible.

PEDRO.– ¿Y qué tengo prrrrrr..., que hacer?

DOCTOR.– Muy fácil, siempre que vaya a hablar procure llevar una mano en el bolsillo, hable muy deprisa, como ha hecho antes, y, al finalizar, inmediatamente con disimulo, se aprieta usted fuerte un cataplin.

PEDRO.– Pero doctor prrrrrr..., eso tiene que doler prrrrr..., una barbaridad.

DOCTOR.– Duele, la verdad es que duele, y mucho además, pero quien algo quiere..., algo le cuesta. Seguro que, así, preferirá dar usted un grito antes que hacer una piorreta. En poco tiempo se habrá acostumbrado al dolor y ya no gritará siquiera y, en dos meses, ya no hará falta que se de el apretón porque se habrá olvidado absolutamente de la piorreta.

PEDRO.– *(Que le escucha con cara de pánico.)* ¿Usted cree prrrrr...?

DOCTOR.– *(Con chulería.)* Por favor..., que me llaman Sabino Curatraumas..., a mí no hay un trauma que se me resista. ¡Hala! Vamos a hacer la prueba, diga usted muy rápido lo del perro y a continuación..., "operación apretón de cataplin".

PEDRO.– *(Traga saliva y pasa a la acción.)* Debajo de un carro había un perro llegó otro perro y le corto el rabo *(Da un grito desgarrador y cae al suelo retorciéndose de dolor.)* ¡¡¡¡¡Aaaaaaaaahhhhhhh!!!!!

DOCTOR.– *(Le coge por las axilas y le da unos golpecitos en el culo, contra el suelo.)* Vamos, vamos, no sea memo, que esto no es nada. Verá como de cada vez lo lleva mejor. *(Pedro va a hablar pero el doctor le para.)* ¡Chsssstt...! No hable ahora, que si habla se tiene que dar otro apretón, y no creo que esté todavía en condiciones de repetir.

(Le ayuda a levantarse, le da dos golpecitos en la espalda y le despide.)

DOCTOR.– ¡Hala! ahora, cuando termine de reponerse, paga usted a la enfermera. Y, recuerde, siempre que hable..., deprisa y ¡apretón!. *(Hace ademán de apretar con el puño.)* En dos meses nuevo. Adiós.

PEDRO.– *(Saliendo.)* Adiós doctor ¡¡¡¡¡aaaaahhhhhhhhh!!!!!

Apagón de luces

VOZ EN OFF.– Dos meses después.

(Se encienden las luces de nuevo. El doctor hojea unos papeles, sentado en su mesa. Se abre la puerta y entra la enfermera con una señora de unos 60 años, pequeñita, y con un moño en la cabeza, en forma de pan redondo, que abulta casi más que ella.)

ENFERMERA.– Pase, pase, señora.

FEDERICA.– Para tus cuentas, bonita,
señora no..., señorita.

DOCTOR.– Siéntese por favor. A ver, ¿que es lo que le pasa a usted?

FEDERICA.– Aunque ya soy mayorcita
y con un pie en el Inserso
desde que era jovencita
solo puedo hablar en verso.

DOCTOR.– ¡Vaya!, curioso caso. (*Se dispone a tomarla los datos.)* A ver, dígame como se llama y su domicilio.

FEDERICA.– Federica García Lorca
y ,vivir, vivo en Mallorca.

DOCTOR.– (*Asombrado.*) Se llama usted como el poeta. No quisiera precipitarme pero presiento que no es más que un trauma por llamarse así. Inconscientemente se siente usted obligada a hacer poesía para estar a la altura de su nombre.

FEDERICA.– ¡Yo no me siento obligada!
Mi padre, que era un capullo,
decía que era una gozada
llamarse algún hijo suyo
como el poeta de Granada.

DOCTOR.– ¿Y eso por qué?

FEDERICA.– Porque él tenía la ilusión,
loco por la poesía,
de aprovechar la ocasión
de apellidarse García
y Lorca la madre mía.
Él quería un hijo varón...

DOCTOR.– ¡Aaaahh...! Y ponerle Federico.

FEDERICA.– Pero entonces, le salió...,
en vez de un chico una chica,
pero él no se resignó...,
¡me colocó..., Federica!

DOCTOR.– Federica García Lorca. De todas formas, sigo pensando que puede ser un trauma por llamarse así.

FEDERICA.– El trauma vino después,
con sus dichosas manías
de tenerme que aprender

sus horribles poesías.

DOCTOR.– ¿Le obligaba a aprenderse sus poesías?

FEDERICA.– (*Afirmando con la cabeza.*)
A mí y a una prima mía,
pero a mí más todavía.

DOCTOR.– ¿Y escribía muchas?

FEDERICA.– Como mínimo una al día.
Mi prima se la aprendía,
pero a mí..., no me salía.

DOCTOR.– ¿Su prima se la sabía y usted no? Sería más lista...

FEDERICA.– Si saberla ..., la sabía
igual o más que mi prima,
pero nunca me salía
ese rollo de la rima.

DOCTOR.– Le costaba hacer el verso. Justo al contrario que ahora.

FEDERICA.– Me costaba..., me costaba
fue para mi una obsesión,
pues, por más que esforzaba,
encima me castigaba
sin comer, el tío cabrón.

DOCTOR.– (*Sorprendido y escandalizado.*) ¿La castigaba sin comer?

FEDERICA.– Pues sí, doctor, ya le digo
fue castigo tras castigo.

DOCTOR.– Pero eso es inhumano. Una niña necesita comer para crecer.

FEDERICA.– ¡Nos ha jodío...! Y que lo digas;
yo, cuando se descuidaba,
me comía hasta las hormigas.

DOCTOR.– O sea, que..., ¿desde entonces, es usted tan chiquitita?

FEDERICA.– ¡Hombre claro!, te diré...
¡No me haga de cabrearme!
¿O acaso pensaba usted
que es que he encogido al lavarme?

DOCTOR.– No, no, claro.

FEDERICA.– Me obsesioné, hasta soñaba,
todo, todo lo rimaba;
rimaba siempre que hablaba,
cuando andaba, yo rimaba,
rimaba cuando bebía,
rimaba cuando orinaba,
rimaba cuando comía,
rimaba cuando cagaba,
rimaba si me peía,
¡hasta los pedos rimaba!

DOCTOR.– ¡Vale, vale! no hace falta que rime más. Lo suyo es un caso claro de trauma infantil provocado por su padre, al obligarla tan insistentemente a aprenderse sus rimas.

FEDERICA.– Se habrá quedado usted calvo.
¡Si se lo estoy yo diciendo!
Lo que yo le estoy pidiendo
es que usted me diga algo
para yo irme corrigiendo.

DOCTOR.– ¿Y qué se va a corregir?, si ya hace usted los versos perfectamente.

FEDERICA.– (*Empezando a cabrearse.*)
¡Tiene narices la cosa!
¡Que no quiero hablar en verso!
¡Que yo quiero hablar en prosa!

DOCTOR.– ¡Ah!, claro, claro. Usted lo que quiere es curarse el trauma que tiene, que le hace hablar siempre en verso.

FEDERICA.– (*Tocando las palmas, con sarcasmo.*)
Esto merece unas palmas,
¡menos mal que lo ha cogido! .
Don Sabino Curatraumas
ya sabe a lo que he venido.

DOCTOR.– Y no ha podido usted venir a mejor sitio, porque por algo me llaman Sabino Curatraumas...

FEDERICA.– (*Cortándole.*)

¡Menos flores, mariposa!

y cúreme ya este trauma;
si termino hablando en prosa
se lo agradezco en el alma.

DOCTOR.– Me lo agradecerá, ya lo verá.

FEDERICA.– Pero tiene que curarme
porque si no, se lo juro,
que, aunque vaya a denunciarme,
yo no le pago ni un duro.

DOCTOR.– Con el tratamiento que le voy a poner, en dos meses, no volverá usted a hablar en prosa jamás.

(Se oyen voces fuera. Se abre la puerta y entra la enfermera intentando retener a Gerundio y a Pedro, sin conseguirlo. Gerundio viene borracho como una cuba y Pedro anda con dificultad, abriendo mucho las piernas. Los dos traen un enfado de órdago. Sabino y Federica se levantan sobresaltados.)

ENFERMERA.– Doctor, he intentado retenerlos, pero no he podido.

DOCTOR.– Pero bueno, ¿qué les pasa? ¿Ustedes creen que éstas son formas de entrar en una consulta?

GERUNDIO.– *(Hablando con dificultad por la borrachera y tosiendo continuamente.)* ¿Que..., qué..., nos pasa...? ¿Que qué nos..., pasa, dice...? Nadaaaa..., nadaaaaa...; solo que, por su culpa..., soy un borracho "perdío", tengo los pulmones negros, de tanto tabaco..., cago una vez cada quince días..., ¡y con muchos esfuerzos!, estoy echo una mierda..., y encima ¡solo!, porque mi mujer..., se llevó a mis dos hijos, cuando la mandé a tomar por culo..., a los dos..., a Ferna y a Serva. (*A Federica, que escucha atónita.)* Ese fue..., el tratamiento que me puso..., señora..., para una simple manía tonta que tenía yo de hablar en gerundio. Váyase usted de aquí..., que todavía está a tiempo..., y no haga caso a este canalla (*A Sabino.)* ¡Yo prefiero seguir hablando en gerundio...! Déjeme usted como estaba... ¡tío canalla!

PEDRO.– (*Lloriqueando.)* A mí ya va a ser imposible que me deje como estaba, por su culpa me he reventado un "huevo".

FEDERICA.– (*Alucinando)*

Ese es un remedio nuevo...,
¿le mandó explotarse un "huevo"?

PEDRO.– Si señora, por una simple manía de hacer "piorretas" con la boca, me mando que me diese apretones en un "cataplín" , hasta que he terminado reventándomele. ¡Huya usted, señora...! Huya usted y no haga caso a este canalla.

FEDERICA.– (*Aparte, por Sabino).*

¡Este tío esta majareta!
O el cabrito es que es un geta
o se emborracha o se chuta.

(Dirigiéndose a él.)

¿Cuál iba a ser mi receta...,
reventarme alguna teta...,
o meterme a prostituta?

DOCTOR.– Pero señora, no haga caso a estos dos locos. Espere... (*A Gerundio y a Pedro.)* ¡Fuera! Fuera de aquí los dos o llamo a la policía.

GERUNDIO.– Eso, eso..., estás teniendo razón, a la policía es donde ..., vamos yendo ahora mismo nosotros. La del moño..., vete viniendo tú también..., vamos yendo a denunciar... , a este canalla. ¡Marchando, que es gerundio!

PEDRO.– ¡Vamos... , prrrrrr ..., ahora mismo, prrrrr..., a la policía..., prrrrrr!

DOCTOR.– (*A Federica, que se va con ellos, intentando retenerla sin éxito.*) Espere Federica, no les haga usted caso..., no se marche.

FEDERICA.– (*Se para y vuelve la cabeza.*)
Federica García Lorca
se marcha por donde vino.
Hablar en verso es mi sino.
No tengo ganas de bronca...,
pero tú eres un cochino.
¡Te den morcillas Sabino!

(*Sale.*)

Se cierra el telón

Fin

MICU Y TUCU

PERSONAJES

Anselmo
Lisarda

(Se abre el telón. Decorados de un parque, con un par de bancos y algunos árboles. Entra Anselmo, un hombre joven, con una edad difícil de adivinar, ya que por la forma de vestir y de peinarse aparenta ser mayor, pero, por la forma de hablar, parece muy infantil. Debe andar por los treinta años. Entra hablando con alguien y, sin embargo, nadie le acompaña.)

ANSELMO.– Aquí, vamos a sentarnos aquí. Si te parece bien, vamos. Si no estás cómodo, buscamos otro sitio.

(De pronto y, sin razón aparente, comienza a mover el trasero y a dar saltitos, mientras ríe.)

ANSELMO.– Jijijjiji...¡Mírale! ¡No empieces...! Jijiji..., deja de hacerme cosquillas..., ¡ya vale...!

(Por fin se sienta. Cuando habla, dirige un poco la mirada hacia atrás y hacia abajo.)

ANSELMO.– No está mal, ¿eh? ¿A que se está cómodo aquí? *(Mira hacia la izquierda.)* ¡Chssst!, calla, no me hables ahora que viene alguien. *(Saca un tebeo de Mortadelo y Filemón y se pone a leer. Por la izquierda entra Lisarda, una vieja de ochenta y tantos años. Viste chal negro sobre los hombros, pañuelo negro en la cabeza y el clásico "mandil chico"de las viejas de antes. Viene a sentarse al mismo banco donde está Anselmo.)*

LISARDA.– ¿Me puedo sentar aquí, buen mozo?

ANSELMO.– Sí, señora.

LISARDA.– ¿No te molestará?

ANSELMO.– No, señora.

LISARDA.– (*Se sienta.)* Que día más bueno hace.

ANSELMO.– Sí, señora.

LISARDA.– Se está a gustito aquí, al solanero, ¿verdad?

ANSELMO.– Sí, señora.

LISARDA.– Parece que se agradece.

ANSELMO.– Sí, señora.

LISARDA.– (*Se queda mirándole.)* ¿Tú eres de este barrio?

ANSELMO.– Sí, señora.

LISARDA.– Pues no nos habíamos visto antes, ¿verdad...?

ANSELMO.– No, señora.

LISARDA.– ¿Y vienes mucho por este parque?

ANSELMO.– Sí, señora.

LISARDA.– No habremos coincidío nunca...

ANSELMO.– No, señora.

LISARDA.– ¿Qué no sabes decir otra cosa, que no sea "si señora"..., "no señora"...?

ANSELMO.– Sí, señora.

LISARDA.– Pues entonces es que no tienes muchas ganas de hablar, hermoso.

ANSELMO.– No, señora.

(Breve silencio. Anselmo sigue leyendo el tebeo y empieza a reírse de lo que esté leyendo.)

LISARDA.– Miá qué bien se lo pasa el jodío...

ANSELMO.– *(Gira la cabeza hacia la derecha, el lado contrario de donde está sentada Lisarda, y vuelve a hablar de nuevo al personaje "invisible", mientras sigue con la risita.)* ¡Qué bueno...! jijiji... Luego te lo cuento.

LISARDA.– ¿Me has dicho algo, hermoso?

ANSELMO.– No, señora.

LISARDA.– ¡Anda coño...! Luego dicen que somos los viejos los que hablamos solos.

ANSELMO.– (*Vuelve a girar la cabeza hacia la derecha y abajo.)* ¡Jo...! es la monda..., cuando te lo cuente te vas a partir de risa.

LISARDA.– *(Se queda mirándole y no puede reprimir su curiosidad.)* ¿Con quien hablas?

ANSELMO.– ¿Yooo...? Con nadie...

LISARDA.– ¿Cómo que con nadie...? Si te he oído yo... (*Mira por detrás de Anselmo intentando encontrar a alguien.)* Estoy un poco sorda..., pero no tonta. Tú estabas hablando con alguien.

ANSELMO.– No, señora.

> *(Lisarda se resigna y se queda callada, pero mirando a Anselmo con el rabillo del ojo. Pausa. Anselmo vuelve de nuevo a dirigirse al personaje invisible, hablando bajito, pero Lisarda, que está vigilante, se percata enseguida.)*

ANSELMO.– No me hables ahora, que no te puedo contestar.

LISARDA.– ¡Te pillé...! No me digas que no estabas hablando con alguien, que te he visto.

ANSELMO.– *(Al sentirse descubierto, confiesa.)* Bueno..., sí.

LISARDA.– ¿Y con quién hablas...? Si yo no veo a nadie.

ANSELMO.– Pues...*(Sin decidirse a decírselo.)* ¿Me promete usted no decir nada a nadie?

LISARDA.– Te lo prometo, hermoso, te lo prometo.

ANSELMO.– (*Otra vez se dirige al personaje misterioso.*) ¡Que sí...! que me ha prometido no decir nada... ¡que sí!..., que sí que me fío de ella.

LISARDA.– (*Comida por la curiosidad.*) Pero..., ¿con quién hablas?

ANSELMO.– ¿Me promete usted no reírse...?

LISARDA.– Que sí, te lo prometo. ¡Suéltalo ya!

ANSELMO.– Pues..., hablo..., con...

LISARDA.– (*Impacientándose.*) ¿Con quién?..., ¡coño!..., ¿con quién?

ANSELMO.– Con mi culo.

(*Lisarda estalla en una carcajada.*)

LISARDA.– ¡Jajajaja...!(*Sigue riendo sin poder contenerse.*)

ANSELMO.– (*Visiblemente contrariado.*) Me prometió usted no reírse.

LISARDA.– (*Intentando parar de reír hasta conseguirlo poco a poco.*) Perdona, hermoso, perdona..., es que no lo he podido evitar. ¿Estás hablando en serio o te estás cachondeando de mí?

ANSELMO.– (*Muy serio y molesto.*) Estoy hablando en serio.

LISARDA.– ¿Pero cómo vas a hablar con tu culo, hermoso?

ANSELMO.– Pues sí, hablo con mi culo.

LISARDA.– Pues lo está diciendo en serio el jodío...

ANSELMO.– *(Girando de nuevo la cabeza y hablando "a su culo".)* Si, vale, tenías razón, no se lo tenía que haber dicho...,¡déjame ya en paz!

LISARDA.– (*Cambiando de actitud, arrepentida.)* Vale, hermoso, vale, no te preocupes que ya no me río. Pero comprende que, te sueltan eso, así de sopetón, y tienes que reírte a la fuerza.

ANSELMO.– No, si comprendo que resulta difícil de creer, pero le aseguro que es verdad. (*Al culo, de nuevo.)* ¡Que te calles!, si ya se lo he dicho, pesado, ya no tiene remedio. ¡Vaya un culo tonto!

LISARDA.– Que mal os lleváis, ¿nooo...?

ANSELMO.– Que va, si somos muy amigos, lo que pasa es que discutimos mucho. (*Al culo otra vez.)* ¡Y dale...! que ya se lo dicho; lo mejor es que le cuente todo, ¡pelmazo!

LISARDA.– (*Con sarcasmo.)* Dale un azotazo, verás como se calla.

ANSELMO.– No, no me gusta pegarle. A mi padre le tiene mucha hincha, porque, cuando era pequeño me daba muchos azotazos en el culo. Yo, cuando le quiero castigar, lo que hago es no limpiarle las "burriagas", que le sienta fatal.

LISARDA.– Jijiji... Peor le sentará al que se ponga a tu lao, no te jode...

ANSELMO.– (*Al culo.)* Que noooo..., no te preocupes, que no te voy a dejar sin limpiarte las burriagas...

LISARDA.– Mira, hermoso ..., ¿cómo te llamas?

ANSELMO.– Anselmo.

LISARDA.– Mucho gusto, Anselmo, yo me llamo Lisarda.

ANSELMO.– Encantado, Lisarda.

LISARDA.– Pues mira, Anselmo, será verdá, hermoso, pero yo no me lo creo.

ANSELMO.– Pues, cuando gobiernen el mundo, ya te lo creerás.

LISARDA.– Cuándo gobiernen el mundo..., ¿quién?

ANSELMO.– Los culos.

LISARDA.– (*Sin poder reprimir la risa.*) ¡Jajajajaja!... Jodío, si es que me tengo que reír a la fuerza... ¿Cómo van a gobernar el mundo, los culos?

ANSELMO.– Que sí, Lisarda, ya lo verás. Los culos son seres de otro planeta muy lejano, el planeta Culombio.

LISARDA.– ¡Anda coño...! ¿Entonces, qué hacen aquí? (*Dándose un manotazo en el trasero.*)

ANSELMO.– Bajaron hace muchos años, a investigar a los seres humanos, para después invadir la tierra e instalarse en ella, porque en su planeta hay muy poco agua.

LISARDA.– (*Incrédula.*) Pues yo no veo por ahí ningún culo suelto. Tos están aquí bien aparcaos... (*Se vuelve a dar dos toques en el culo.*)

ANSELMO.– Porque bajaron solo uno por persona, para camuflarse bien, pero ellos son mucho más numerosos que nosotros.

LISARDA.– *(Con sarcasmo.)* Jijiji... Pues ya se podían haber acoplao en otro sitio, si son tan listos, porque..., donde se han colocao, les toca hacer...," el trabajo sucio", jijiji...

ANSELMO.– Bueno, se situaron en un sitio estratégico, para poder controlar bien todo y pasar más desapercibidos.

LISARDA.– Eso de desapercibidos..., será algunas veces, porque otras... Mira Anselmo, perdona, pero yo no me lo puedo creer.

ANSELMO.– Para que te convenzas, ¿a ti no se te ha escapado alguna vez un pedo?

LISARDA.– ¡Uy...!, un montón de veces, jijijiji...

ANSELMO.– Pues, si no tuvieran vida propia, solo podrían hacer lo que tú quisieras, ¿no te parece?

LISARDA.– *(Meditabunda.)* Pues en eso también tienes razón...

ANSELMO.– Es más, aunque no se te escapen, aunque te los tires queriendo, es por que, de alguna manera, te obligan, ¿a que sí?

LISARDA.– Pues sí que es verdad.

ANSELMO.– Es su forma de "protestar" cuando algo no les gusta. Unas veces lo hacen "a voces" y otras sueltan gases vengativos.

LISARDA.– Pues entonces..., el mío tiene que estar muy disconforme, porque..., hay que ver las veces que "protesta".

ANSELMO.– Pues, si protesta, es porque algo le molesta.

(Lisarda se queda pensativa, mientras Anselmo la observa.)

ANSELMO.– *(Bajito a su culo.)* Yo creo que ya se va convenciendo.

LISARDA.– Entonces..., antes de venir ellos..., ¿la gente no tenía culo?

ANSELMO.– Claro que no, ¿por qué te crees que los romanos y toda la gente de antes llevaban faldas, más cortas o más largas...? Porque tenían que llevar la tubería despejada para echar la mierda.

(Se vuelve a quedar pensativa.)

LISARDA.– Y el mío, a mí..., ¿por qué no me habla?

ANSELMO.– Bueno, parece ser que solo hablan a los que consideran muy inteligentes para poderlo entender.

LISARDA.– *(Ofuscándose y señalando con el dedo a su culo.)* O sea..., que este cabrón, a mí..., me toma por tonta.

ANSELMO.– Supongo que no te considerará lo suficientemente inteligente.

LISARDA.– *(Cada vez más convencida.)* ¿Y por qué yo no oigo al tuyo cuando te habla?

ANSELMO.– Porque él me habla telepáticamente.

LISARDA.– ¿Qué es eso?

ANSELMO.– Que me lo trasmite directamente a la mente, sin sonido.

(Lisarda se queda de nuevo pensativa. Breve pausa.)

LISARDA.– ¿Tú crees que se conocerán?

ANSELMO.– ¿Quién?

LISARDA.– El tuyo y el mío.

ANSELMO.– ¡Ah...! Pues no lo sé, como no se han visto...

LISARDA.– ¿Pero tienen ojos y tó...?

ANSELMO.– Sííí..., tienen un ojo, el ojete.

LISARDA.– ¡Ah, claro! Anda, pues ponlos que se miren, a ver si se conocen.

ANSELMO.– Venga, vale.

(Se levantan los dos y se colocan culo con culo. Anselmo da unos golpecitos con su culo al de Lisarda.)

LISARDA.– ¡Anselmo!, ¿qué haces...? ¡Que me vas a tirar!

ANSELMO.– No, si no soy yo. Es que no se conocen y se están saludando.

LISARDA.– ¡Hala!, ya, que me van a tirar.

(Se sientan los dos de nuevo.)

ANSELMO.– Dice Micu que no se conocían, que no se habían visto nunca.

LISARDA.– ¿Quién lo dice...?

ANSELMO.– Micuu..., mi culo, es que yo le llamo "Micu".

LISARDA.– Y yo..., ¿cómo le podía llamar al mío?

ANSELMO.– Pues...*(pensando)*...¡Tucu!

LISARDA.– ¿Y eso por qué?

ANSELMO.– Por..., tu cu..., lo.

LISARDA.– ¡Ah...! Pues me gusta...,"Tucu".

ANSELMO.– ¿A que mola?

LISARDA.– Sí, sí que mola, sí, Tucu..., jijiji... *(Breve pausa.)* Oye, dile al tuyo que pregunte al mío, por qué "protesta" tanto, ¿qué es lo que le molesta?

ANSELMO.– Vale. *(A "Micu".)* Micu, pregúntale a Tucu, que es lo que le molesta para que proteste tanto.

(Anselmo orienta un poco su culo al de Lisarda. Pausa. Luego, Anselmo gira un poco la cabeza, mientras va asintiendo, se supone que a las confidencias de "Micu". Después se las trasmite a Lisarda.)

ANSELMO.– Dice Micu, que es que a Tucu le da miedo..., (*poniendo cara de extrañeza)*..., del pavo.

LISARDA.– ¿Qué pavo?

ANSELMO.– No sé, serán cosas suyas..., jijiji... Bueno, Lisarda, lo siento mucho, pero nosotros nos tenemos que ir ya.

LISARDA.– Hala, hermoso, hala, si te tienes que ir, vete.

ANSELMO.– Venga Micu, dile adiós a Tucu, que nos vamos.

(Lisarda se levanta y chocan los traseros levemente.)

ANSELMO.– *(Yéndose.)* Adiós, Lisarda.

LISARDA.– *(Volviendo a sentarse.)* Adiós, Anselmo.

ANSELMO.– Adiós, Tucu.

LISARDA.– *(Levanta un poco una pierna y agacha la cabeza, dirigiéndose a "Tucu".)* Di, adiós Anselmo...

ANSELMO.– *(Se para y vuelve la cabeza hacia atrás.)* Me ha encantado conocerte, Lisarda.

LISARDA.– Lo mismo te digo, hermoso. Y muchas gracias por contármelo. Si no llega a ser por ti, me había muerto sin conocer a mi culo.

ANSELMO.– De nada, Lisarda, ha sido un placer. *(Con pena.)* Adiós.

(Al quedarse sola, Lisarda mira a un lado y otro, cerciorándose de que no viene nadie, abre un poco las piernas y se levanta los faldones, lo que deja al descubierto sus enormes pololos. Agacha la cabeza entre los faldones y se dispone a hablar a "Tucu".)

LISARDA.– ¡Tucu...!¡Tucu...! Dime algo, anda... ¡Amooos...!, que ya está bien, ochenta y tres años conmigo y no has sío capaz de decirme ni hola. Dime algo, anda; si yo, aunque no esté cultivá, soy más lista que el hambre. *(Vuelve a mirar a un lado y otro y sigue hablando a "Tucu", ahora más mimosa.)* Y no te dé miedo, tonto..., ¡si no es un pavo...! ¿No ves que no tiene pico? ¡Que jodío...! Como, desde ahí detrás, solo le ve de reojo... En vez de tanto "protestar", me lo podías haber dicho. Dime algo, anda, bonito. *(Se incorpora y cruza las manos. empezando a desanimarse.)* Nada, que no hay quien le haga de hablarme. *(Pausa.)*
(Vuelve a agachar la cabeza y a ahuecarse la falda.) ¿Así que en tu planeta tenéis poco agua...? Pues no te preocupes que aquí no te va a faltar ni una gota; te voy a meter to los días en una palangana y te voy a tener más limpio que un jaspe. *(Nueva pausa.)*
(Vuelve otra vez a la carga, más mimosa aún.) Te voy a traer to los días a que veas a tu amiguito Miiicu..., pero dime algo... ¿No ves a Micu como habla con Anselmo...? ¡Amos...! Y ese no es más listo que yo..., ¡ni dormía! *(Nueva pausa.)*
(Vuelve a bajar la cabeza entre la falda.) Con lo a gusto que podíamos estar tú y yo to los días te "cháchara". Mira, si me hablas, te meto toas las noches hasta una lavativa, ¿vale? ¡Venga!..., decídete ya...

(Vuelve Anselmo y la encuentra en posición tan rara.)

ANSELMO.– *(Extrañado.)* ¿Qué haces, Lisarda?

LISARDA.– (*Se sobresalta al oír hablar.*) ¡Ay...! Qué susto me has dao, jodío.

ANSELMO.– ¿Estabas hablando con Tucu?

LISARDA.– Aquí estoy con este cacho cabrón, que no soy capaz de arrancarle una palabra.

ANSELMO.– Tú no le fuerces, Lisarda, no le fuerces que es peor.

LISARDA.– Como me cabrée, le voy a tener un mes sin limpiarle las burriagas.

ANSELMO.– A ver si te va a coger hincha..., y entonces ya si que no te habla en la vida. Que son muy rencorosos.

LISARDA.– No, no, si a partir de ahora le voy a tener a "cuerpo de rey", a ver si puede ser. ¿Y tú qué...? Paece que te has vuelto...

ANSELMO.– Sí, es que me ha hecho de volverme Micu, para que te diga que vuelvas por aquí mañana para ver a Tucu.

LISARDA.– Sííí..., si yo también le he prometido a Tucu que le voy a traer todos los días a ver a Micu. (*Agacha un poquito la cabeza levanta una pierna y se coge la falda.*) ¿A que sí, Tucu?

ANSELMO.– Es que se han hecho muy amigos.

LISARDA.– A ver si se van a enamorar..., y vamos a tener que estar tos los días culo con culo, como dos perros "enligaos".

ANSELMO.– No te preocupes, Lisarda, Micu tiene novia en su planeta.

LISARDA.– ¡No amueles...! ¿Y desde que naciste tú no la ve...? Porque tu siempre habrás tenido culo, ¿no...?

ANSELMO.– No, si la ve todas las noches un rato.

LISARDA.– ¿Cómo...? Si ella está en su planeta.

ANSELMO.– Porque me pongo boca abajo, con el culo mirando a las estrellas, y se ven. Ellos tienen la facultad de verse desde muy lejos.

LISARDA.– Pues como Tucu tenga novia..., me paece a mí que no la ve hasta que no me muera, porque yo no pienso ponerme toas las noches al raso, con el culo en pompa.

ANSELMO.– ¿Quieres que le pregunte Micu si tiene novia...?

LISARDA.– No, no..., a ver si la va a tener y va a empezar a protestar porque quiere verla. Si quiere ver a la novia, que me lo diga él.

ANSELMO.– *(Indeciso.)* Y..., tú, Lisarda..., ¿tienes novio?

LISARDA.– *(Sorprendida.)* ¡Uy!, no hermoso, no, jijijiji... Desde que se murió el Venancio, va ya pa treinta años, no he encontrao "corte".

(A Anselmo se le ilumina la mirada y va a sentarse de nuevo al lado de Lisarda.)

ANSELMO.– (*Nervioso.)* Y..., tú..., ¿querrías ser mi novia, Lisarda?

LISARDA.– (*Echa la cabeza para atrás lentamente y mira fija a Anselmo.)* ¿Te estás cachondeando de mí o es que se te ha ido la pinza, Anselmo?

ANSELMO.– No, Lisarda, desde el primer momento en que te ví, me cautivó tu belleza.

(Lisarda, la pobre, que, además de vieja, es fea como ella sola, se queda estupefacta, sin poder creer lo que está oyendo.)

LISARDA.– Anselmo, hermoso, ¿desde cuando no vas al oculista?

ANSELMO.– Ayer mismo fui a revisarme la vista.

LISARDA.– Pero..., ¿estás hablando en serio?

ANSELMO.– Sí, Lisarda, muy en serio. ¿Por qué crees que volví de nuevo? No fue sólo por Micu para que viera a Tucu, fue por mí para verte a ti. No podía irme con la incertidumbre de si volvería a verte otra vez... *(Cada vez más apasionado.)* ¡Necesitaba verte de nuevo...! Necesitaba ver esos enormes ojos negros...

LISARDA.– Que no son grandes, Anselmo, que se ven así por las gafas de aumento...

ANSELMO.– *(Embelesado, cada vez más apasionado.)* Necesitaba ver esas perlas que llevas por dientes...

(Lisarda se ríe, enseñando los dientes, todos picados y negros.)

LISARDA.– Jijijiji..., sí..., ¡menudas perlas...! Si son rancajos, Anselmo, que se me están cayendo a cachos.

ANSELMO.– (*Sin escucharla.*) Hasta tu nombre me suena a música celestial, Li..., sar..., da...

LISARDA.– (*Imitándole ridículamente.*) An..., se..., el..., mo..., estás..., como..., una..., cabra, jodío.

ANSELMO.– (*Le agarra su mano, llevándosela a su pecho.*) Por favor, Lisarda, dime que tú sientes lo mismo.

LISARDA.– (*Tirando de su mano hasta rescatarla y dándole dos manotazos.*) ¡Suelta, coño...! Y deja de manosear.

ANSELMO.– (*Volviendo a cogerle la mano y a llevársela de nuevo al pecho.*) Lisarda, porfa, piensa en lo felices que podemos ser los cuatro. ¿Te imaginas...?, Micu, Tucu, tú y yo...

LISARDA.– (*Tirando de su mano.*) Ni Muqui..., ni Tuqui..., ni..., Truqui..., ¡ni hostias ! Que me sueltes, ¡leche! (*Vuelve a rescatar su mano de un tirón.*)

ANSELMO.– (*Suplicante.*) Porfa..., Lisarda...

LISARDA.– (*Aparte.*) Si ya me parecía a mi mu raro lo de los culos parlanchines... ¡Ya apareció el peine...! Este bicho está como una regadera.

(*Lisarda se levanta para marcharse, pero Anselmo la sujeta por el brazo.*)

ANSELMO.– Por favor, Lisardita,...¡ me rompes el corazón!

LISARDA.– (*Amenazándole con la garrota.)* Lo que te voy a romper son los dientes de un garrotazo, como no me sueltes.

(Anselmo la suelta, pero se levanta, siguiéndola e intentando retenerla.)

ANSELMO.– ¡No me dejes, Lisarda...! (*Se mira hacia atrás.)* ¡Mira...! Micu está llorando porque te vas...

LISARDA.– Pues ponte con el culo en pompa, mirando al cielo, pa que vea a la novia, verás como se le pasa.

(Sale Lisarda, con Anselmo persiguiéndola, suplicante.)

Se cierra el telón

Fin

LA RUTINA DIARIA DE SAN PEDRO

PERSONAJES

San Pedro
Custodio
San Gabriel
Basilio
Lucifer
Salvador
Moncho
Jorge
San Miguel
Voz De Dios

(Se abre el telón lentamente, mientras suena música gregoriana. Todo el decorado es blanco y azul celeste, lo que, unido al humillo que flota por todo el escenario, configuran un ambiente celestial. En el centro, en un gran sillón de color azul celeste, duerme, "a pata suelta", San Pedro, vestido con una gran túnica blanca, mientras a su alrededor pasea plácidamente, casi flotando, con la mirada perdida, un ángel (el arcángel San Gabriel), con toda la apariencia mítica de los ángeles. Es la antesala del cielo..., .y del infierno. A la izquierda hay dos puertas, con un cartel encima de cada una. En uno pone "CIELO" y en el otro "INFIERNO". Por la derecha entra otro ángel (Custodio), que va hacia San Pedro y le despierta.)

CUSTODIO.– *(Dándole toquecitos en un hombro.)* San Pedro, San Pedro..., que ha llegado uno nuevo.

SAN PEDRO.– *(Adormilado.)* ¿Quééééé...?

CUSTODIO.– Que tenemos tarea, que se ha muerto otro.

SAN PEDRO.– *(Despabilándose.)* ¡Jolines! ¿Y quién es el pestoso, que se le ocurre morirse a la hora de la siesta?

CUSTODIO.– (*Le da unos documentos.*) Toma, aquí tienes su expediente.

SAN PEDRO.– Anda, que pase.

(Custodio sale. Inmediatamente, vuelve a entrar, acompañado de Basilio, un hombrecillo delgado, de unos treinta y tantos años, con apariencia de tener "pocas luces".)

BASILIO.– (*Mirando a todos lados, un poco aturdido.*) ¿Se puede?

SAN PEDRO.– Pasa, anda, pasa. ¿Quién te manda morirte a estas horas, hombre...? Que no le dejáis a uno dormir un rato tranquilo.

BASILIO.– No..., si me he muerto sin querer.

SAN PEDRO.– (*Hojeando su expediente.*) Bueno, a ver que tenemos por aquí, esteeee..., Basilio. Basilio Lumbreras, te llamas, ¿no?

BASILIO.– Sí, señor.

SAN PEDRO.– ¿De profesión...?

BASILIO.– Corredor de comercio.

(Sigue leyendo el expediente y, de pronto, se queda sorprendido.)

SAN PEDRO.– ¡Vamos, no me fastidies, Basilio! ¿Pero qué dice aquí...? ¿Qué tienes en tu haber treinta y tres tirones de bolso a viejas indefensas...?

BASILIO.– ¿Tantos...?

SAN PEDRO.– ¿No te da vergüenza? Un corredor de comercio robando bolsos a las viejas... ¡Con la pasta que ganarías!

BASILIO.– ¡Qué va, San Pedro...! Si yo ganaba cuatro perras.

SAN PEDRO.– ¡Venga ya! A mí me vas a engañar hombre... Que nosotros controlamos todo lo de abajo, macho, y los corredores de comercio ganáis una pasta. Todo el día sentadito en tu oficina..., echas cuatro firmas..., y ¡hala! un pastón al bolsillo. Y tú, encima, atracando viejas. ¿Qué...? ¿Por hobby, macho?

BASILIO.– Que no, San Pedro, que estás confundido. Yo, ni tenía oficina, ni echaba firmas..., y ganaba tres perras chicas.

SAN PEDRO.– ¿Pero no eras corredor de comercio?

BASILIO.– Sí.

SAN PEDRO.– Entonces..., ¿qué hacías?

BASILIO.– Pues hacerle los recados a mi jefe, que tiene dos comercios, y yo tenía que estar todo el día corriendo de un comercio a otro, a llevar cosas.

SAN PEDRO.– ¡Nos ha jodío...!

BASILIO.– Por eso, cuando iba por la calle corriendo y veía una vieja, con bolso y distraída, me daba la tentación y le pegaba el tirón. Pero vamos..., más que ná, por aprovechar la carrera.

SAN PEDRO.– Y luego..., ¿ no tenías remordimientos?

BASILIO.– ¿Remordimientos...?, lo que tenía era un cabreo de la leche, porque, la que más llevaba, llevaba treinta céntimos y dos estampitas.

SAN PEDRO.– No te dará vergüenza... Ya, puesto, podías atracar a alguien con dinero en vez de a unas pobres viejas.

BASILIO.– Pues eso hice, San Pedro, y..., ¡en la hora que lo hice! Esta mañana, según iba corriendo, vi a un tío muy trajeado, con una cartera muy agarrada y me dije: "ésta es la mía"; le pegué el tirón con todas mis fuerzas, pero el tío aguantó el envite y me arreó una patada en los huevos, que me los puso de corbata. El resto..., ya te lo puedes imaginar..., para acá derecho he venido.

SAN PEDRO.– No te está mal empleado, no. (*Sigue hojeando el expediente.*) Bueno, por lo demás, no has sido mala persona. Te voy a mandar un poco tiempo al purgatorio y luego ya te vas para el cielo, anda.

BASILIO.– ¿Y qué es eso del purgatorio?

SAN PEDRO.– Un lugar de limpieza y expiación.

BASILIO.– Hombre, espiar..., no me importa espiar a quien haga falta, pero eso de la limpieza..., ya me gusta menos. Tengo alergia al cepillo y a la fregona.

SAN PEDRO.– De limpieza y expiación de los pecados..., ¡zopenco! Es un lugar donde, después de su muerte, las personas que se han muerto sin pecado mortal, pero con pecados veniales, y que no los han expiado en vida, tienen que limpiar esas culpas para poder alcanzar el cielo.

BASILIO.– ¡Aaahh...!

SAN PEDRO.– (*Al ángel.*) Custodio, llévatele y le dejas en el purgatorio.

CUSTODIO.– Vale, jefe. ¿Y qué le mando hacer para que se "joda" un poco?

SAN PEDRO.– Pues no sé, hombre, no sé..., porque, quitando lo de las viejas, no se ha portado mal. (*Se queda un momento pensativo.*) Basilio, ¿te gusta leer?

BASILIO.– ¡Buff...! Ni pizca. El único libro que me he leído en mi vida ha sido el libro de instrucciones del dvd.

SAN PEDRO.– (*A Custodio.*) Pues entonces le pones a leerse de un tirón: "Cien años de soledad" y "El coronel no tiene quien le escriba", de García Márquez. Cuando termine, que empiece otra vez, hasta que se sepa los dos libros de memoria.

BASILIO.– ¡No me jodas San Pedro! Eso es una putada...

SAN PEDRO.– (*Señalándole la puerta del infierno.*) No te quejes, que te mando con Lucifer.

BASILIO.– No, no, vale, vale..., a leer, a leer. ¿Pero, con eso ya he cumplido? ¿Luego ya me mandas al cielo?

SAN PEDRO.– No sé, ya veremos, depende de las plegarias y oraciones que hagan por ti tus familiares.

BASILIO.– Pues entonces lo llevo crudo, porque solo tengo a mi mujer y no va a misa desde que la bautizaron...

SAN PEDRO.– Pues te veo aprendiéndote también "Crónica de una muerte anunciada"...

BASILIO.– ¡Jodeeerrr...!

(Salen por la derecha Basilio y Custodio. Se abre la puerta del infierno y aparece Lucifer. Viste totalmente de rojo, ceñido, tiene dos cuernos y una larga cola, lleva un tridente de la mano y, lógicamente, es feo como un demonio.)

LUCIFER.– Bueno, Perico, mándame unos cuantos para abajo, macho, que me hace falta mano de obra para atizar las calderas.

SAN PEDRO.– ¡Arrea de aquí! *(Le hace el ruido clásico, con el que se espanta a los perros.)* ¡Qqqqqqq...¡Vete para dentro, anda...! , que me pegas lo malo.

LUCIFER.– Mándame alguno, coño. *(Se frota las manos y remueve el cuerpo, con síntomas de tener frío.)* ¡Joder macho! Vaya fresquito que tenéis aquí..., ¡con el calorazo que hace ahí dentro!

SAN PEDRO.– *(Se levanta y se va hacia él señalándole la puerta del infierno).* ¡Que te vayas a tu sitio! Que llamo al jefe y te la ganas.

LUCIFER.– Vale, vale, Perico..., no te pongas así, macho, que ya me voy...*(Entra en el infierno.)*

SAN PEDRO.– *(A voces.)* ¡Custodio! ¡Custodio!

CUSTODIO.– *(Llega sofocado por la derecha.)* ¿Qué pasa San Pedro...? ¡Jolines!, no me dejas ni respirar. *(Señalando al otro ángel, que sigue como si estuviera en trance, pero con una sonrisa de oreja a oreja.)* Y al arcángel San Gabriel no le mandas nada. Mírale, disfrutando de la paz eterna, ahí flipando, y a mí me tienes "a jarapo sacao".

SAN PEDRO.– Macho, para eso él es arcángel y tú eres ángel raso. Cuando asciendas, ya te pegarás la "vida padre". Anda, Custodio, anda, tú a custodiar, que es lo tuyo, y no te quejes.

CUSTODIO.– Tú lo has dicho, San Pedro, lo mío es custodiar. Pero es que, en cuanto libra alguno, como hoy, tengo que estar, encima, haciendo todos los recados. Y a San Gabriel no le mandas nada. ¡Jolines...! Si es que, además de que..., es arcángel, vale..., es arcángel, pero le tienes enchufado...

SAN PEDRO.– Que no Custodio, que no es que esté enchufado, es que se lo ha ganado, macho. Acuérdate..., que fue el que anunció a la Virgen el nacimiento del jefe. Venga, anda, no seas "mal mandao".

CUSTODIO.– Bueno, ¿qué querías?

SAN PEDRO.– Que, cuando llegue San Miguel, le dices que se pase por aquí un momento.

CUSTODIO.– Vaaale...

(Se va. San Pedro se va a acomodar para dormirse de nuevo, pero vuelve a entrar Custodio con papeles de la mano.)

CUSTODIO.– No te duermas que ahí tienes a otro. *(Le da los papeles.)*

SAN PEDRO.– *(Incorporándose de nuevo, de mala gana.)* ¡Pch! Traeee... Que pase.

(Entra Salvador, un señor muy trajeado, con un rosario en una mano y una estampita en la otra.)

SAN PEDRO.– ¡Hombre! ¿Dónde vas tú con el rosario y la estampita?

SALVADOR.– Como sabía que venía para acá, he supuesto que estaría bien visto por aquí..., que llegue con un rosario. Y la estampita, porque supongo que, si está por aquí la Virgen y me ve con una foto suya, me echará una mano, digo yo.

SAN PEDRO.– Sí, sí..., tú fíate de la Virgen y no corras... Aquí lo que vale es tu expediente, machote. Vamos a ver que tenemos por aquí. (*Comienza a revisar el expediente.*) ¡Vaya nombrecito...! Salvador Fernández de Córdoba y Jiménez de los Santos. Si no te importa, yo te llamo Salva, para abreviar. *(Poco a poco, va frunciendo el ceño de cada vez más.)*

SAN PEDRO.– Coño, coñoooo...

(Salvador empieza a moverse nervioso.)

SAN PEDRO.– Coño, coñoooo...

SALVADOR.– *(Preocupado.)* ¿Pasa algo, San Pedro?

SAN PEDRO.– Pues sí que pasa, Salva, sí que pasa...*(Sigue leyendo, moviendo la cabeza y resoplando.)*

SALVADOR.– (*Impaciente y nervioso.*) Pero..., ¿qué es lo que pasa?

SAN PEDRO.– ¿Qué va a pasar, Salva...?¿Que va a pasar...?¡Que no te salvas...! Salva.

SALVADOR.– Pero San Pedro..., ¿qué me está usted diciendo? Si toda mi vida he sido un cristiano ejemplar.

SAN PEDRO.– ¡Vamos, no me jodas, Salva...! Aquí dice que atropellaste a un niño con el coche y te largaste sin atenderle.

SALVADOR.–Si, pero luego me confesé.

SAN PEDRO.– *(Con sarcasmo.)* ¡Ah, bueno...! Si te confesasteee... *(Sigue leyendo.)* También dice que siempre has tenido a tus obreros "puteaos", que les pagabas poco y mal, les hacías de trabajar más horas de las reglamentarias, no les pagabas las horas extras y, por si fuera poco, les tratabas como a perros.

SALVADOR.– *(No pudiendo disimular y sacando a relucir su verdadera imagen.)* Bastante es que les daba trabajo, no te digo, que eran unos muertos de hambre. Además, para Navidad, siempre les invitaba a una comida y les felicitaba las pascuas uno por uno.

SAN PEDRO.– *(Siguiendo con el sarcasmo.)* ¡Ah...! Eso ya es otra cosa... Entonces, no sé de qué se quejaban... Lo mismo hasta les regalabas una cesta de Navidad, ¿eh?, Salva.

SALVADOR.– Bueno..., tanto como eso no, porque eran muchos. Pero a uno, que se accidentó trabajando y se quedó impedido, el día de Noche Buena, le llevamos mi mujer y yo un jamón, para que se lo comiera con su familia.

SAN PEDRO.– ¡Joeeerrr...! ¡Vaya un hombre bueno, muchacho! *(Sigue leyendo.)* Pero es que también dice, que a tu mujer la engañabas mucho, que cada dos por tres te ibas... "de pilinguis", Salva.

SALVADOR.– Si, pero ella no se enteraba nunca, así que..., que más le daba. Si siempre la he tenido como a una reina. Todos los caprichos que ha querido los ha tenido. Además, después, siempre me confesaba.

SAN PEDRO.– ¡Aaaahh..! Fíjaaaate... (*Con ironía.*) ¿No se te olvidaría alguna vez confesarte...?

SALVADOR.– No, no, no..., ni una. Todos los domingos, confesaba y comulgaba. Siempre he cumplido todos mis deberes de cristiano.

SAN PEDRO.– (*Sigue leyendo.*) Evasión de capital, desfalcos, defraudaciones a hacienda...Vaya currículum que tienes, macho.

SALVADOR.– Es que..., la pela es la pela. Pero de todo me he confesado, ¿eh?

SAN PEDRO.– Pues, fíjate por donde, me parece que te voy a mandar con Luci.

SALVADOR.– ¿Con Santa Lucía?

SAN PEDRO.– No, con Lucifer.

SALVADOR.– (*Sobresaltado y angustiado.*) ¿Eeehhh?... ¿Pero que dice usted? San Pedro, por favor..., que siempre he sido un cristiano ejemplar, que me duele el pecho de darme golpes de pecho...

SAN PEDRO.– Por eso no te preocupes, ahora le decimos a Luci que te dé Vivaporus.

SALVADOR.– ¡Pero, San Pedro...! Toda mi vida haciendo la pelota a Dios..., rezándome dos rosarios diarios, tragándome todas las misas habidas y por haber, comulgando todos los domingos, con lo poco que me gustaban las hostias..., ¿y ahora me quiere usted mandar al infierno...?

SAN PEDRO.– Pues si, fíjate por donde.

SALVADOR.–*(Pasando de su actitud suplicante a una actitud imperativa y resuelta.)* Yo quiero hablar con Dios.

SAN PEDRO.– Lo llevas claro, hermoso. El jefe no está para estas tonterías. Además, ¿te acuerdas lo que hizo su hijo en el templo con los fariseos...? Pues, como venga él, te va a hinchar a "hostias", con lo poco que dices que te gustaban, pero de otra clase que te van a gustar menos todavía.

SALVADOR.– *(Insistente y sin resignarse.)* ¡Yo quiero hablar con Dios!

SAN PEDRO.– *(Sin hacerle caso. A San Gabriel, que sigue por allí "revoloteando".)* San Gabriel, ¡eh!, San Gabriel... *(Da unas palmaditas para que despertarle de su "éxtasis".)* Llama a Luci, anda, que se lleve a este pesado.

(San Gabriel llama en la puerta del infierno, dando unos golpes con los nudillos de la mano y voceando.)

SAN GABRIEL.– ¡Luci...! ¡Lucifer...! ¡Que tienes clientela...!

(Lucifer abre la puerta, más contento que unas pascuas.)

LUCIFER.– ¡Joder...! ¡Ya está bien que me mandes uno, Perico!

SALVADOR.– (*Se queda aterrado al ver a Lucifer.*) ¡Qué feo es el "desgraciao"! (*A Lucifer.*) ¡No te lo crees ni tú que me voy yo contigo! (*A San Pedro.*) ¡Yo quiero hablar con Dios! ¡Yo quiero hablar con Dios!

SAN PEDRO.– (*A Lucifer.*) Llévatele ya de una vez, que me tiene hasta las narices con la "perra" que ha cogido.

LUCIFER.– (*Amenazándole con el tridente para llevársele dentro.*) ¡Tira pa dentrooooo...!

(*Le va acorralando hasta hacerle entrar, mientras Salvador no deja de repetir que quiere hablar con Dios.*)

SAN PEDRO.– Vaya una tema que ha cogido el tío.

(*Entra de nuevo Custodio.*)

CUSTODIO.– Otros tres nuevos, San Pedro. Pero yo creo que, a dos de ellos, los paso directamente al infierno por la puerta de atrás, porque si te los traigo, con lo mal que te caen, eres capaz de cortarles una oreja, como hiciste con el soldado aquel.

SAN PEDRO.– ¿Quiénes son?

CUSTODIO.– Un terrorista y un pederasta.

SAN PEDRO.– (*Alterándose.*) ¡Buff..! Sí, sí, llévatelos directamente, que no los vea yo siquiera..., que, a esos dos, no les corto una oreja, no; con esos hago yo una faena memorable; a esos les corto las dos orejas... ¡y el rabo!

CUSTODIO.– Vale, vale, no te alteres. Si ya me lo imaginaba. (*Se acerca y le da otro expediente.*) Toma, esto es del tercero, que es paparazzi. ¿Le digo que pase?

SAN PEDRO.– Sí, dile que entre.

(*Entra Moncho, periodista del corazón un tanto amanerado, con una cámara de fotos de la mano. Nada más ver a San Pedro, se dispone a tirarle una foto.*)

SAN PEDRO.– ¡Chssstt...! ¡Alto ahí! ¡Ni se te ocurra tirar una foto! Que aquí no estás ahí abajo, macho.

MONCHO.– (*Asustado, baja la cámara enseguida.*) Vale, vale, tranqui...Es por deformación profesional.

SAN PEDRO.– (*Con tono inquisidor.*) ¿Así que tú eres paparazzi?

MONCHO.– (*Algo acobardado.*) Síí...

SAN PEDRO.– De esos que van siempre con la cámara pestoseando a los famosos...

MONCHO.– Con la cámara o con el micro, depende de lo que me mandasen.

SAN PEDRO.– Ya. Lo que te mandasen, ¿no? Aunque te mandasen invadir la intimidad de los demás y darles la lata un día tras otro.

MONCHO.– Sí, claro, es mi trabajo.

SAN PEDRO.– Es tu trabajo. Y el de los asesinos a sueldo, también es su trabajo, ¿no?

MONCHO.– (*Dubitativo.*) Síí..., pero..., no es lo mismo.

SAN PEDRO.– ¿Cómo que no es lo mismo? A ellos les pagan por hacer su trabajo, ¿no?

MONCHO.– Síí..., pero..., no es lo mismo. Yo hacía esto para vivir.

SAN PEDRO.– Y ellos también viven de eso, ¿no?

MONCHO.– Síí..., pero..., no es lo mismo. Yo no mato a nadie.

SAN PEDRO.– Pero los puteas un montón, ¿no?

MONCHO.– Síí..., pero..., no es lo mismo.

SAN PEDRO.– ¡Para ya de decir "no es lo mismo"!, macho, que pareces Alejandro Sanz. Efectivamente, no es lo mismo, por eso ellos van derechos al infierno y tú te vas a ir unos cuantos añitos al purgatorio para que aprendas a no dar el "coñazo" a los demás. (*A Custodio que entra en ese momento.*) Custodio, ¿que le tienes haciendo a Paco "el Pelma", en el purgatorio?

CUSTODIO.– Le tengo de rodillas, con los brazos en cruz y un esparadrapo en la boca.

SAN PEDRO.– Pues libérale de eso. Le das una cámara y un micro y que se tire todo el día detrás de éste (*por Moncho*), grabándole y preguntándole chorradas de su vida privada. Pero a todas horas, ¿eh? Dile que cuanto más le "pestosee", antes le sacamos del purgatorio.

CUSTODIO.– (*A Moncho, indicándole para que se vaya con él.*) ¡Hala!, hermoso, que la que te ha caído es chica. Tú no sabes bien quien es Paco "el Pelma". (*A San Pedro.*)
Toma, el expediente de otro que hay esperando.

SAN PEDRO.– ¿Otroo...? ¡Vaya día que llevamos! Dile que pase.

(*Moncho se va con Custodio, resignado. Al momento entra Jorge Tranvía, de profesión presidente.*)

JORGE.– (*Entra muy decidido y en plan avasallador. Habla con acento americano.*) ¿Quién es aquí el encargado de los ángeles?

SAN PEDRO.– Yo, ¿por qué?

JORGE.– Pues ya estás metiendo un paquete a quien esté hoy de ángel de la guarda, por negligencia en el servicio.

SAN PEDRO.– ¿Y eso por qué?

JORGE.– Porque siendo presidente, como soy, con un montón de gente intentando asesinarme, sin conseguirlo, también es mala suerte que vaya andando tranquilamente, pise una caca de perro, me resbale y me mate. Vamos, no es mala suerte, es negligencia del ángel de la guarda.

SAN PEDRO.– Mira machote, lo primero, baja ese tono, que aquí ya no eres presidente. Lo segundo, yo meteré un paquete a quien a mí me de la gana. Lo tercero, si tú eres tonto, no miras por donde vas y pisas "cagarrutas" de perro, el ángel de la guardia no tiene la culpa. Y cuarto, si eras presidente, vete atando los machos, porque los políticos no sois mi debilidad precisamente. Así que, vamos con tu expediente y a callar, que en boca cerrada..., no entran estrellitas.

JORGE.– (*Mas dócil.*) Moscas, querrás decir moscas.

SAN PEDRO.– Eso es abajo, listo, aquí no hay moscas, aquí son estrellitas.

(San Pedro abre el expediente y se pone a revisarlo.)

SAN PEDRO.– Vamos a ver. (*Leyendo.*) Así que eres Jorge Tranvía, de profesión negocios petrolíferos, entre otros, y por hobby, presidente de gobierno.

JORGE.– Por hobby, no, eso tiene que estar mal, por amor a mi país.

SAN PEDRO.– ¡Y en tu culo un fútbolin!

(San Pedro sigue leyendo en voz baja. De pronto, se levanta y se echa las manos a la cabeza.)

SAN PEDRO.– (*Asombrado.*) ¿Pero qué estoy leyendo...? ¿Que se te atribuyen miles y miles de muertos?

JORGE.– Que no, que no, que eso está mal. Que yo no he matado a nadie en mi vida.

(San Pedro sigue leyendo sin hacerle caso.)

SAN PEDRO.– (*Escandalizado.*) ¿Ordenaste bombardeos donde murieron miles y miles de inocentes?

JORGE.– Sí, pero era para matar sólo a los malos.

SAN PEDRO.– Murieron cientos de mujeres y niños. ¿Ellos también eran de los malos?

JORGE.– (*Justificándose.*) No, eso fue sin querer, como estaban allí al lado..., les tocó, por accidente.

SAN PEDRO.– (*Indignado.*) ¡San Gabriel! ¡San Gabriel! ¡Deja ya de flipar!

SAN GABRIEL.– (*Se espabila asustado.*) ¿Qué?

SAN PEDRO.– ¡Tráeme la espada!, que a éste no le voy a cortar las orejas..., a éste le voy a cortar..., ¡los cojones!, y , además..., ¡por accidente!

SAN GABRIEL.– Venga..., tranquilo, San Pedro.

(Llega Custodio, corriendo, alarmado por las voces.)

CUSTODIO.– San Pedro..., no te alteres, que sabes que luego te regaña el jefe.

(Entre San Gabriel y Custodio le sientan.)

SAN PEDRO.– (*A voces.*) ¡Lucifer... ¡Lucifer...!

(San Gabriel se acerca a la puerta del infierno y llama . Aparece Lucifer.)

LUCIFER.– ¿Qué pasa, Perico? ¿Qué es ese escándalo?

SAN PEDRO.– Llévate a éste de aquí, que no le quiero ni ver.

LUCIFER.– ¡Cojonudo! Venga, tío, vente conmigo.

JORGE.– ¿Dónde?

LUCIFER.– A las llamas eternas.

JORGE.– (*Se va sin muchos reparos.*) Menos mal que soy muy friolero.

(*Entra por la derecha otro ángel, San Miguel.*)

SAN MIGUEL.– ¿Me has llamado, San Pedro?

SAN PEDRO.– ¡Hombre, San Miguel...! Si, tráete unas cervecitas de las tuyas, anda machote, a ver si se me pasa el sofoco.

SAN MIGUEL.– Vale. ¿Cuántas traigo?

SAN PEDRO.– Pues..., una para mí, otra para San Gabriel, para Custodio..., y otra para ti.

SAN MIGUEL.– (*Yéndose.*) ¡Marchando!, cuatro cervecitas.

SAN PEDRO.– Pero que estén fresquitas, ¿eh...? ¡Ah!, y unos panchitos, ya de paso.

(*Se oye una voz en off, potente y grave.*)

VOZ.– Pedro.

SAN PEDRO.– Sí, señor, dime.

VOZ.– Como te pasas, ¿eh?

SAN PEDRO.– Ya, señor, si es que no puedo evitarlo. Me caliento..., y pierdo los nervios con gente de ésta.

VOZ.– No, si no lo digo por eso, Pedro.

SAN PEDRO.– ¿Entonces por qué, señor?

VOZ.– Porque no has pedido una cervecita para mí.

SAN PEDRO.– Sí, es verdad, señor, no me di cuenta. Ahora le digo que te suba otra a ti.

VOZ.– No hace falta. Ya se lo he dicho yo.

(Llega San Miguel con cuatro botellines de su marca y un plato de panchitos.)

SAN PEDRO.– Vamos chicos, a trincarnos la cervecita.

(San Pedro se sienta en su sillón y los demás a su alrededor. San Miguel abre los botellines y se los va dando a cada uno. Todos se ponen a beberse la cerveza y a comerse los panchitos. Lucifer asoma la cabeza por la puerta del infierno.)

LUCIFER.– ¿No hay una cervecita para mí?

SAN PEDRO.– Pues va a ser que no. Haber sido bueno, y no haberte rebelado contra Dios, macho.

LUCIFER.– Sí, es verdad. ¡Quién me mandaría a mí querer dar un golpe de estado! Con lo a gusto que estaba yo de ángel.

SAN PEDRO.– ¡Ayyy...! ¡El jodío poder, como corrompe...!
(San Pedro saca una baraja de cartas.)

SAN PEDRO.– ¿Echamos la partidita al mus?

CUSTODIO.– ¡Sí!

SAN MIGUEL.– Venga.

SAN GABRIEL.– Vale.

(San Pedro se baja del sillón y se sienta con ellos.)

SAN PEDRO.– Custodio y yo contra vosotros dos, como siempre.

(Comienza a repartir las cartas.)

VOZ.– Tened cuidado con Pedro, que hace señas falsas.

SAN PEDRO.– ¡Jolines!, señor, que chivato eres.

SAN GABRIEL.– No valen señas falsas, ¿eh?

SAN MIGUEL.– Como hagas señas falsas, yo no juego.

SAN PEDRO.– Vaaale... *(Reparte cartas.)*

SAN GABRIEL.– Mus.

CUSTODIO.– Mus.

SAN MIGUEL.– Mus.

SAN PEDRO.– No hay mus. Habla San Gabriel.

SAN GABRIEL.– Paso.

(Siguen hablando los demás. Lucifer se queda asomado, viendo como juegan a las cartas y se beben las cervezas.)

LUCIFER.– ¡Joder macho! Que envidia me dan... ¡Qué a gusto se está en el cielo!

(Se va cerrando el telón muy lentamente y vuelve a sonar música gregoriana, mientras ellos siguen jugando al mus.)

Fin

EL NICETO Y LA LEONCIA

PERSONAJES

Aniceto
Leoncia
Faustina
Don Emérito
Margarito

(Se abre el telón. En escena está Leoncia, mujer de Aniceto, el dueño de la casa. Es una mujer joven, gorda, grande y con los carrillos de la cara muy colorados; poco agraciada físicamente y menos aún intelectualmente. Aunque vivía en Madrid, vino a vivir a Valdemulas al casarse con "el Niceto". Se casaron el mismo día que se conocieron, el día que Aniceto fue a Madrid a buscar novia, porque en el pueblo no encontraba, y, prácticamente, llego a un acuerdo con Faustina, madre de Leoncia y dueña de su voluntad, para casarse con su hija, prometiendo darle pronto muchos nietos. Mientras canturrea: "Lalaralalita..., .barro mi casita...", Leoncia barre la casa; una casa de pueblo humilde y antigua. El mobiliario es muy austero: una cantarera, algunos utensilio encima de la chimenea, cuatro o cinco sillas, con el asiento de esparto, una mesa camilla, un aparador y un calendario colgado en la pared, junto con unas cuantas fotos familiares. Entra Aniceto por la derecha, hombre de mediana edad, bruto como él solo. Viste pantalón de pana, camisa sin cuello, chaleco, faja y boina calada hasta las ojos; la clásica estampa del mítico paleto. Entra con cuidado y le da un azotazo en el culo a Leoncia, que no se había percatado de su llegada.)

ANICETO.– ¡Aaaajjjhh...!

LEONCIA.– ¡Ay...! Qué susto me has dao, Niceto.

ANICETO.– ¡Que no trabajes, leche!, que no te vas a quedar preñá nunca.

LEONCIA.– Tendré que limpar, ¿nooo...?

ANICETO.– ¡Taaate paráaaa...! Así como van a hacer su trabajo los bichos esos en tu barriga si los tendrás mareaos de tanto moverte.

LEONCIA.– Niceto, que hay mucha mierda...

ANICETO.– ¡Que te sientes, leche! Que ya son seis meses, Leoncia, y entodavía no te has cogío. A ver si va a ser de no estarte quieta.

LEONCIA.– (*Sentándose de mala gana.*) Que está la casa hecha un asco...

ANICETO.– (*Gritando.*) ¡A callar! Si está más limpia que un jaspe.

LEONCIA.– Pero...

ANICETO.– (*La corta gritando más fuerte aun.*) ¡Caaállate...! Pues si la hubiéas visto antes de casarnos, que salían hasta rabanillos entre las baldosas... Además, que limpie tu madre, que pa eso está aquí "de gorra".

FAUSTINA.– (*Entrando por la izquierda, de repente.*) ¡Eh...! Que te oigo. Más valiera que limpiaras tú, ¡vagazo!, que yo ya estoy vieja pa esos trotes.

(Faustina es pequeñita y delgada, pero con un carácter de "aquí te espero". Podría decirse que es la antítesis de su hija.)

ANICETO.– Pues pa meterse esos platos de garbanzos que se mete usté pal cinto..., no está vieja, no. Yo no sé donde lo echará.

FAUSTINA.– Donde tú los espermatozoides, no te jode... Tanto con que..."Yo le hago a usté tres o cuatro nietos en menos que se persigna un cura loco"..., y va ya pa seis meses..., y el cura loco sin persignarse.

ANICETO.– ¡Por culpa de su hija!, que no se pué estar quieta, y no deja a los bichos de trabajar a gusto.

FAUSTINA.– Por culpa de mi hija...¡Por tu culpa!, que no vales pa hacer muchachos. A ti te sacan de las mulas, los guarros y las gallinas..., y estás perdío.

LEONCIA.– Ya estáis otra vez discutiendo...

FAUSTINA.– ¡Ha empezao él!

ANICETO.– ¡Ha empezao usté!

FAUSTINA.– ¡Has empezao tú!, que has dicho que yo estoy aquí "de gorra", y sabes de sobra que, cuando te casaste con mi hija, el trato era que yo entraba también en el lote. Así que, ahora, si no quieres que esté aquí..., ¡te jodes!

ANICETO.– Me voy de aquí..., que me revuelve usté las asauras. Leoncia, voy a buscar a Don Emérito, pa que te mire, a ver si él sabe por qué no te coges ya de una vez.

(Se va Aniceto. Faustina se sienta junto a la mesa, al lado de su hija.)

FAUSTINA.– Vaya un borrego de marido que nos hemos echao, hija.

LEONCIA.– Si es que tú también le picas mucho, madre.

FAUSTINA.– Pues, el que se pica..., ajos come. Si no vale pa hacer muchachos, por lo menos que lo reconozca. Porque, seguro que es por su culpa, ¿a que sí, hija?

LEONCIA.– No séee..., madre.

FAUSTINA.– Como que no sabes... En mi familia no ha habío nunca nadie que no valga pa tener hijos, así que tiene que ser él a la fuerza.

LEONCIA.– No sééé..., madre.

FAUSTINA.– Porque..., hacéis guarrerías, ¿nooo...?

LEONCIA.– (*Avergonzada.)* Sí..., madre.

FAUSTINA.– Y..., ¿seguro que hacéis bien hechas las guarrerías, hija?

LEONCIA.– Sí..., madre.

FAUSTINA.– Es que hacéis mu poco ruido, hija.

LEONCIA.– ¿Y tú qué sabes, madreeee...?

FAUSTINA.– ¡Nos ha jodío...! Como que estoy al "zape".

LEONCIA.– ¡Madreeee...!

FAUSTINA.– ¡Hijaaaa...!

LEONCIA.– Eso no se hace, madreee...

FAUSTINA.– *(Justificándose.)* Si es que tengo muchas ganas de tener nietos, hija.

(Las dos se quedan un momento calladas, mirando hacia abajo, Luego, Faustina rompe de nuevo el silencio.)

FAUSTINA.– Te quitarás los leotardos, ¿no?

LEONCIA.– *(Más avergonzada aún.)* Que sí..., madre.

FAUSTINA.– A ver, hija, cuéntame como hacéis las guarrerías.

LEONCIA.– Maaadree..., que me da mucha vergüenza...

FAUSTINA.– Pues el que tiene vergüenza..., ni come ni almuerza. Así que, cuéntamelo, hija, que tu madre sabe mucho de estas cosas.

LEONCIA.– Que no, madre, que no hace falta.

FAUSTINA.– Si es que tú no estás baqueteá , hija, y yo de ese garrulo no me fío ni un pelo..., que ese no atasca.

LEONCIA.– El Niceto sí que sabe, madre, porque le ha enseñado su primo Margarito, que tiene seis hijos.

FAUSTINA.– Pues entonces, a ver que es lo que pasa, coño, que yo ya estoy deseando tener nietos. Aunque, como salgan al padre..., estamos apañaos.

(Llega Aniceto con el médico, Don Emérito, un hombre algo decrépito ya, pero con la sabiduría que da la experiencia.)

ANICETO.– Pase, pase, Don Emérito.

DON EMÉRITO.– A ver que es lo que quieres, Aniceto. *(A Faustina y Leoncia, que se levantan al verle.)* Buenos días, señoras.

FAUSTINA.– Buenos días, Don Emérito.

LEONCIA.– Buenos días.

ANICETO.– Que eche usté una ojeá a la Leoncia, a ver por qué leches no se coge, después de casi seis meses "arreando estopa".

DON EMÉRITO.– Pero, hombre, ¿y para eso me haces venir aquí...? ¿Por qué no ha ido a la consulta?

ANICETO.– Pa que no ande, que si no los bichos se marean. *(Se toca la barriga.)*

DON EMÉRITO.– ¡Pero qué bichos ni que ocho cuartos...! Que ande con gana, hombre, que eso es bueno.

ANICETO.– ¡No joda usté...! ¿Es bueno que andee..? A partir de mañana, la tengo to el día andando detrás del arao.

(Aniceto, que, desde que llegó con el médico, no ha parado de rascarse el culo, vuelve a hacer la misma operación. Faustina se levanta y le da un manotazo.)

FAUSTINA.– Para ya de rascarte el culo delante del médico, ¡cochino!

ANICETO.– ¿Y a usté que le importa...? ¡Tia lechuza! (*Al médico.)* Es que tengo lombrices, ¿sabe usté...? Y encima tengo el culo escocío de montar en la mula.

DON EMÉRITO.– Vamos a ver, ¿cuándo fue la primera vez que mantuvisteis relaciones?

ANICETO.– ¿Se refiere usté a la primera vez que hablamos o la primera vez que ..., (*Mueve la mano con el puño cerrado, en una señal muy expresiva a la vez que soez.)* que... , que echamos a regañar a los bichos, vamos?

ANICETO.– Me refiero a relaciones sexuales. ¿Cuánto hace que os casasteis?

ANICETO.– Casarnos, mañana va a hacer seis meses. Pero me tuvo diez días a "palo seco", porque to los días decía que le dolía la cabeza; hasta que lo cató, y desde entonces..., ¡mao!, no le volvió a doler más. Así que relaciones, relaciones...,.el primer día fue el quince de Otubre.

LEONCIA.– (*Con pudor.)* El catorce.

ANICETO.– ¡El quince!

LEONCIA.– Fue el catorce, Niceto.

ANICETO.– ¡Fue el quince!

FAUSTINA.– ¡Fue el catorce!

ANICETO.– ¡Fue...! *(Se para de repente al percatarse de lo que ha dicho Faustina. Gira la cabeza lentamente hacia ella, se queda mirándola y le pregunta, con mucha suspicacia.)* ¿ Y usté como lo sabe...?

FAUSTINA.–*(Sin saber por donde salir del atolladero.)* ¿Yooo...? Pues..., porque..., si mi hija dice que es el catorce, seguro que fue el catorce.

LEONCIA.– Que fue el catorce, Niceto.

ANICETO.– ¡Que fue el quince, leche! Si lo sabré yo... Me acuerdo que fue el día que echamos la guarra al berraco, coño, que lo tengo yo apuntao en el calendario.

DON EMÉRITO.– Bueno, si es igual unos días más o menos. ¿Y desde entonces habéis mantenido relaciones regularmente?

ANICETO.– ¿Regularmente...? ¡To los días!, sin fallar uno.

DON EMÉRITO.– Pues entonces, o ha habido mala suerte o uno de vosotros dos es estéril.

ANICETO.– ¿Estéril...? ¿Y qué es eso?

DON EMÉRITO.– Que no puede tener hijos.

FAUSTINA.– Yo pa mí, que es él, el que no vale, doctor.

ANICETO.– ¡Usté a callar..., tía lechuza!

DON EMÉRITO.– Bueno, eso solo lo sabremos después de hacerles unos análisis. Así que, cuando queráis, os pasáis por la consulta.

FAUSTINA.– Ya verá usted como es él.

(Aniceto aprieta los puños y mira para arriba, mientras bufa. Luego se dirige al médico.)

ANICETO.– Por cierto, Don Emérito, ya que está usté aquí, míreme este pie que me le ha "encentao" la albarca.

DON EMÉRITO.– ¿Qué te le ha..., quéé...?

ANICETO.– Que me le ha rozao la albarca y me ha hecho una "mataura". *(Se descalza y se lo enseña.)*

DON EMÉRITO.– *(Después de mirarle.)* Lo primero que tienes que hacer es lavarte bien los pies.

FAUSTINA.– Si es que es más guarro que "la Zurraspa", la de mi pueblo, que entraban las moscas en su casa por una ventana y salían por la otra, devolviendo.

ANICETO.– ¡Usté a callar, tía lechuza!

FAUSTINA.– ¡Guarro!

ANICETO.– *(Al médico.)* Si los tengo recién lavaos... Si me los lavé la semana pasá.

DON EMÉRITO.– Pues hay que lavárselos todos los días.

ANICETO.– ¿To los días...? ¡Pues mira...!, me se van a acorchar.

DON EMÉRITO.– Y luego echarte un poco de Betadine, dejarlo que se seque y ya está. (*Se mita el reloj.)* Y me voy que ya me estarán esperando en la consulta.

ANICETO.– ¡Hala!, sí, y muchas gracias, Don Emérito.

DON EMÉRITO.– De nada, hombre, de nada.

(Le acompaña hasta la puerta, pero antes de salir, Aniceto se para y le pregunta.)

ANICETO.– ¿Qué es usté, pescaor?

DON EMÉRITO.– Pues sí, ¿por qué?

ANICETO.– (*Señalándose el culo con la mano.)* Si quiere usted le guardo unas pocas lombrices.

DON EMÉRITO.– (*Con evidentes síntomas de asco.)* No gracias..., déjalo, no te molestes.

ANICETO.– Que a mí no me cuesta trabajo. En cuanto vaya a hacer de vientre, le cojo unas pocas.

DON EMÉRITO.– Que no, que no..., de verdad que no.

ANICETO.– Que sí, hombre, que quiero tener con usté un detalle.

DON EMÉRITO.– Que te he dicho que no, Aniceto, no seas bruto...

(Salen los dos, mientras Aniceto sigue insistiéndole con lo de las lombrices.)

FAUSTINA.– ¡Amos...! Por sus cojones, le va a endilgar las lombrices al pobre hombre... Si será guarro.

LEONCIA.– Tú déjale, madre, no te metas.

FAUSTINA.– Si es que es mu guarro, hija. Encima de bruto..., ¡guarro! *(Pequeña pausa.)* Y, pa colmo, no vale pa hacer muchachos.

(Leoncia se levanta de la silla.)

LEONCIA.– Ayúdame a hacer las camas, anda madre.

FAUSTINA.– *(Levantándose también.)* Vale, hija, pero después se lo cuentas a tu marido, que luego dice que no hago ná.

LEONCIA.– Vaaale..., madre.

FAUSTINA.– Y mañana mismo, ya estáis yendo a haceros los análisis, a ver quién es el que no vale, ya de una vez. Verás como es él.

LEONCIA.– Vaaale..., madre.

(Se van las dos por la izquierda. Entran Aniceto y su primo, por la derecha. Margarito parece estar cortado por el mismo patrón que Aniceto, incluso más "garrulo" aún, aunque no tan bruto.)

ANICETO.– Entra, Margarito, y siéntate.

(Margarito se sienta, mientras Aniceto se asoma por la puerta de la izquierda para asegurarse de que no le oyen Leoncia y Faustina. Cierra bien la puerta y vuelve con Margarito.)

MARGARITO.– A ver qué es eso tan importante que me tiés que referir, primo.

ANICETO.– *(Nervioso.)* No sé ni como entrarte, Margarito.

MARGARITO.– Me cagüen la leche, Niceto, me tiés en vilo.

ANICETO.– Esto que te voy a decir, primo, es mu delicao, así que no quiero que se lo refieras ni a Dios.

MARGARITO.– Ya sabes tú..., que tu primo Margarito, si dice una cosa...,va a misa, y pués estar bien tranquilo que lo que me digas no lo suelto yo..., ni aunque me arretuerzan los güevos.

ANICETO.– Tú sabes que tu primo Niceto siempre ha sío el mozo mas machote de Valdemulas.

MARGARITO.– Si que lo sé primo, si que lo sé, el más machote.

ANICETO.– Y el más berraco.

MARGARITO.– Si primo, y el más berraco.

ANICETO.– Pero la cosa es que..., va ya pa seis meses y no soy capaz de dejar preña a la Leoncia. Yo no sé si es que tengo los permatozoides esos “acalostraos” o que pasará..., pero que no soy capaz, chico.

MARGARITO.– A lo mejor es ella la que no vale, primo.

ANICETO.– Pué ser, primo, pué ser... Pero..., y si no es. Y si soy yo el que no valgo... Antes que aguantar to la vida a la lechuza de mi suegra, echándomelo en cara, soy capaz de cualquier cosa. Por eso no me quiero arriesgar a hacerme los análisis.

MARGARITO.– Pues haz una cosa... Coge un pelo tuyo y otro de la Leoncia y los llevas en ca el tío "Pelabrevas", que los echa en un vaso con aceite y te adivina enseguida quien es el que no vale.

ANICETO.– Sííí..., como la vez que se le lleve, porque me dolía mucho la cabeza..., y me dijo que me habían echao "mal de ojos".

MARGARITO.– ¿No jodas? ¿Quién?

ANICETO.– Pues, el tio "Pelabrevas", me dijo que había sío un tuerto. Y como el único tuerto que yo conocía era Paco el "Pirata"..., ya te puedes imaginar lo que le pasó.

MARGARITO.– *(Moviendo la mano horizontalmente.)* Le diste pal pelo...

ANICETO.– *(Asintiendo con la cabeza.)* Y, después de hincharle a hostias al pobre Paco, a los pocos días, me quito la boina y me encuentro en la cabeza una garrapata como mi puño. Ese era el mal de ojos que tenía. Así que..., al tío "Pelabrevas", ni me le mientes.

MARGARITO.– ¿Y que vas a hacer entonces?

ANICETO.– *(Vuelve a estar remiso a hablar.)* Pues..., he pensao, primo..., he pensao que, como tú eres una garantía, porque ya tiés seis mochuelos..., he pensao que..., que..., que me la podías cubrir tú.

(Margarito se estira de repente, como si le hubieran pinchado con una aguja, y los ojos y la cara se le iluminan de alegría; enseguida reacciona y comienza a adoptar una actitud de mártir.)

MARGARITO.– ¿Me estás diciendo, primo, que quiés que la eche una monta a la Leoncia?

ANICETO.– *(Con resignación.)* Sí, Margarito, si, eso te estoy diciendo. ¿Me harás ese favor primo?

MARGARITO.– *(Con falsa resignación.)* Bueno, si no hay más remedio, tú ya sabes que tu primo Margarito no te falla nunca.

ANICETO.– *(Le abraza.)* Muchas gracias, primo, muchas gracias.

MARGARITO.– Pero..., ¿y si no traga la Leoncia?

ANICETO.– No, si ella tampoco se tié que enterar.

MARGARITO.– ¡No me jodas! Pues..., ya me dirás tú a mí como nos apañamos.

ANICETO.– Pos mu fácil, ya lo tengo to planeao. Cuando yo me acueste, te dejo la puerta abierta pa que entres, con cuidao de no hacer ruido, y te esperas aquí agazapao. Luego, yo hago con que me levanto a mear, te aviso y te metes en mi puesto; se lo apretas..., y te vas con desimulo.

MARGARITO.– ¿Y tú crees que no va a notar ná la Leoncia ...?

ANICETO.– ¡Amos no jodas...! Con la luz apagá..., la cola, que la tenemos igual de gorda, que sabes que nos la hemos medío muchas veces..., y la Leoncia, que tié menos luces que un candil apagao..., esa ni se entera.

MARGARITO.– Tú sabrás, Niceto, tú sabrás.

ANICETO.– Una cosa... De las dos habitaciones..., la mía es la de la izquierda; a ver si te vas a meter en la de la derecha y se lo arreas a mi suegra.

MARGARITO.– No te preocupes Niceto, que ya sabes tú que tu primo no tié un pelo de tonto.

ANICETO.– Pues, ¡hala!, esta noche a las doce te viés pa acá, que ya te la tengo prepará. Y sobre to, ten cuidao de no hacer ruido, que mi suegra tié un oído que paece una liebre.

MARGARITO.– Vale, a las doce estoy aquí como un clavo, primo.

(Margarito sale por la derecha y Aniceto por la izquierda.)

Apagón de luces

(Se enciende una luz muy tenue. Son las doce de la noche. Hay un silencio absoluto. Margarito aparece sigiloso por la derecha. Va a sentarse en el suelo, a esperar, y tropieza con una silla. Por la izquierda se oye enseguida la voz de Faustina.)

FAUSTINA.– ¿Quién anda ahí?

(Margarito vuelve a salir por la derecha, andando "a gatas". Aparece Faustina con una vela y se adentra hasta el centro de la

sala. Lleva puesto un camisón y un gorro de dormir. Vocea de nuevo, dirigiéndose hacia la puerta de la derecha.)

FAUSTINA.– ¿Quién anda ahí?

MARGARITO.– *(Desde fuera.)* Miau...

FAUSTINA.– *(Acercándose un poco a la puerta, pero sin llegar a salir.)* ¡Sape!... ¡Sape!

(Se vuelve de nuevo a la cama. Margarito vuelve a aparecer y se queda sentado en el suelo. Al ratito aparece Aniceto por la izquierda, andando de puntillas. Lleva puestos unos calzoncillos largos, una camiseta de felpa y la boina. Llama, siseando con cuidado, a Margarito.)

ANICETO.– ¡Chsss...! ¡Margarito...!

(Margarito se levanta y anda también de puntillas.)

MARGARITO.– *(Al cruzarse con Aniceto.)* ¡Al ataque!

ANICETO.– Con que cumplas vale, ¿eh? , no te arrecostes ...

(Margarito entra por la izquierda. Aniceto va a sentarse donde estaba Margarito y vuelve a chocarse con la misma silla. Vuelve a oírse a Faustina desde dentro.)

FAUSTINA.– ¿Quién anda ahí?

(Aniceto hace la misma operación que Margarito, se sale fuera "a gatas". Aparece Faustina por la izquierda, con la vela de la mano.)

FAUSTINA.– ¿Quién anda ahí?

ANICETO.– *(Desde fuera.)* Miauuu...

FAUSTINA.– Otra vez el jodío gato. ¡Sape! *(Va hacia la puerta de la derecha y esta vez si sale.)*

FAUSTINA.– *(Fuera de escena.)* ¡Sape...! ¡Sape! ¡Nos ha jodío...! Se han dejao la puerta abierta, a ver como no va a entrar el gato. Seguro que ha sío el zopenco de Aniceto. ¡Charrabischaschas! Verás como ya no entra más el jodío gato. *(Entra de nuevo con una enorme llave de la mano y la deja encima de la chimenea. Se va por la izquierda.)*

Apagón de luces

(Se oye cantar un gallo. Vuelve poco a poco la luz. Es de día. Faustina aparece por la izquierda, desperezándose.)

FAUSTINA.– ¡Vaya! Hoy soy yo la primera en dar el "trun". *(Voceando.)* ¿Qué no es hora ya de levantarse...?

(Al momento entra Leoncia bostezando.)

LEONCIA.– Buenos días, madre.

FAUSTINA.– Buenos días, hija. ¿Todavía no se ha levantao el "güevazos" de tu marido?

LEONCIA.– No, madre. Menuda noche me ha dado, no me ha dejado dormir en toda la noche.

FAUSTINA.– ¿Y esooo...?

LEONCIA.– Está empeñao en hacer un muchacho, así que me ha tenido toda la noche a destajo.

FAUSTINA.– Que te digo yo a ti, que ese no sabe... No se trata de torear mucho..., sino de hacer una buena faena.

LEONCIA.– Que sí, madre, que sí que sabe...Y de cada vez más. Esta noche se ha merecío las dos orejas y el rabo.

FAUSTINA.– ¿El rabo...? ¡El rabo de su primo Margarito...! le hacía falta a ese, verías que pronto tenías un muchacho.

LEONCIA.– Bueno, yo voy a echar de comer a las gallinas.

FAUSTINA.– Pues yo voy a la troje, a por un chorizo pa almorzar. Coge la llave si vas a salir, que la dejé yo anoche aquí. (*Se la da.*)

(Salen las dos por la derecha. Al momento aparece Aniceto, pisando de puntillas y frotándose el cuerpo con las manos, pasmado de frío. Mira a un lado y otro, asegurándose de que no le ve nadie, y corre a su habitación. Desde dentro, se oye hablar a Aniceto y Margarito.)

ANICETO.– Pero, ¿Qué haces aquí todavía, acostao, degraciao...? ¡Venga pa arriba!

MARGARITO.– Espérate que me vista, primo.

ANICETO.– Pero, ¿qué hacías todavía encamao...?

MARGARITO.– (*Salen los dos terminando de vestirse.*) ¡Nos ha jodío! Tu suegra, que echó la llave y no he sío capaz de encontrarla a oscuras, así que me he tenío que volver a acostar y arroparme bien, cuando se ha levantao la Leoncia, pa que no me conociera.

ANICETO.– *(Mosqueado.)* ¿Y qué has estao haciendo hasta que se ha levantao...?

MARGARITO.– Ná, primo, dormir...

ANICETO.– ¿No te habrás arrecostao...?

MARGARITO.– Que no, primo, de verdá, que yo..., cumplí y punto.

ANICETO.– ¡Coño, coño...! No creas que me fío mucho de ti. Que tú eres un pichabrava..., de mucho cuidao.

MARGARITO.– Paece mentira, Niceto..., que dudes de tu primo. Bueno, ¿y tú donde has estao hasta ahora?

ANICETO.– Aonde voy a estar, ¡pues fuera! Que no he cogío una pulmonía de milagro.
En fin, to se da por bien empleao si de ésta me sale un mochuelo. *(Echándole la mano por el hombro.)* Y muchas gracias, Margarito.

MARGARITO.– Ná, hombre, ná, a mandar. Y si hay que echar otra huebra, primo, ya sabes que no tiés más que decírmelo.

ANICETO.– No, déjate de más huebras, a ver si me vas a resabiar a la Leoncia.

(Entra Faustina por la derecha, comiendo, con un chorizo de una mano y medio pan en la otra.)

ANICETO.– ¡Mialá...! ¡Que angustiosa! Siempre zampando... Si se va a comer, ella sola, en cuatro días, la matanza de to el año.

FAUSTINA.– Me tengo que alimentar bien, que tengo la solitaria. Hola, Margarito, no te he visto entrar, hermoso.

MARGARITO.– No, ya me he dao cuenta. Digo "no me ha visto entrar la tía Faustina..."

FAUSTINA.– A ver si le das unas clases a tu primo, hermoso.

ANICETO.– ¿A mí de qué me va a dar unas clases el Margarito, tía lechuza?

FAUSTINA.– Que de qué, dice... De hacer muchachos, no te jode; que si no le operan..., ya tiene un equipo de fútbol; y tú todavía no has sío capaz de hacer ni al portero.

ANICETO.– (*Mirando a Margarito.*) ¿Si no le operan de qué...?

MARGARITO.– (*Azarado.*) ¿Eeehh...? ¿A mí...? De nááá...

FAUSTINA.– ¿Cómo que de ná...? De la vasectomía esa, cuando tuviste el sexto, que me lo ha dicho a mí tu mujer, la Benita.

ANICETO.– (*Empezando a estar mosqueado.*) ¿Y eso pa qué?

FAUSTINA.– ¿Nos ha jodio...! Pa no poder tener más muchachos, que si no le cortan el grifo, se hace con un ejército.

ANICETO.– Entonces..., ¿el Margarito..., no pué tener más muchachos?

FAUSTINA.– ¡Que no, coño!, que ya te he dicho que le han cortao el grifo.

(Aniceto empieza poniéndose rojo, luego morado, después de todos los colores, hasta que estalla, dando un vozarrón que hace temblar toda la casa.)

ANICETO.– ¡¡¡¡Margarito!!!!

MARGARITO.– *(Acobardado, yéndose hacia la puerta con disimulo.)* Si..., es .que..., no..., me acordaba, primo.

ANICETO.– ¡¡¡¡Te voy a cortar el pito, Margarito!!!!

(Aniceto, coge un garrote y corre detrás de Margarito, que huye despavorido. Entra Leoncia por la derecha, asustada al oír las voces.)

LEONCIA.– ¿Qué es lo que pasa, madre?

FAUSTINA.– Tu marido, que quiere capar a su primo Margarito.

LEONCIA.– ¿Y eso por qué?

FAUSTINA.– Por lo visto, le ha sentao mal que se operara pa no tener más muchachos. *(Con sarcasmo.)* A lo mejor es que quería que le hiciera uno pa él... *(Yéndose las dos por la derecha.)* ¡Ay, hija...! ¡Pero que mala es la envidia! *(Salen.)*

Se cierra el telón

TODO PARA EL ALMA

PERSONAJES

Piedad
Alejo
Lali
Prudencio
Poli
Rosario
Pichastro
Necle

(Se abre el telón. Decorados de una tienda sencilla, con un mostrador y estanterías repletas de cajas, botes y bolsas, un cartel grande, donde se puede leer "TODO PARA EL ALMA", y otros carteles de "OFERTA", repartidos por toda la tienda. En la pared, colgado, un calendario del año 2105. Piedad, la dueña, limpia el polvo con un plumero, mientras canturrea: "No cambié, no cambié, no cambié...". Suena la campanilla que hay colgada en la puerta de entrada y entra Alejo, hombre de unos cuarenta años, soso y apático donde los haya.)

ALEJO.– Muy buenas.

PIEDAD.– Muy buenas. ¿Qué desea el caballero?

ALEJO.– ¿Tienen ustedes simpatía?

PIEDAD.– Sí, señor, y muy buena además. ¿Cuánto le pongo?

ALEJO.– Mucha.

PIEDAD.– ¿Le pongo medio kilo?

ALEJO.– O más...

PIEDAD.– ¿Le pongo tres cuartos?

ALEJO.– O más...

PIEDAD.– Bueno, pues le doy una cajita de un kilo, si le parece.

ALEJO.– Me parece.

(Piedad coge una caja de la estantería, la mete en una bolsa de plástico y se la pone encima del mostrador.)

PIEDAD.– Ahí tiene usted. ¿Alguna cosa más?

ALEJO.– Sí.

PIEDAD.– Pues dígame. ¿Qué más le pongo?

ALEJO.– ¿Tienen alegría?

PIEDAD.– Sí, señor. ¿Cuánto quería?

ALEJO.– Mucha.

PIEDAD.– ¿Otro kilito?

ALEJO.– O más...

PIEDAD.– Pues venga, dos kilitos, para que vaya usted más contento. ¿Algo más?

ALEJO.– Sí.

(Se abre la puerta y entra, como un torbellino, Lali.)

LALI.– Por favor, que llevo mucha prisa, déme medio kilo de paciencia.

PIEDAD.– Espere señorita, que estoy atendiendo a este señor.

LALI.– Si es que llevo mucha prisa, porfa...

PIEDAD.– Señorita, tenga un poquito de paciencia...

LALI.– Si no me queda nada..., por eso vengo a por ella. *(Se fija en Alejo.)* ¡Hombre!..., ¿no es usted mi vecino Alejo?

ALEJO.– Su vecino no sé, pero Alejo sí que soy.

LALI.– Sí, hombre, sí... Yo soy Lali "la Cachonda", la del tercero..., la que, cada vez que se cruza con usted en la escalera, le dice: "Alejo aléjate", y a usted le sienta como un tiro... ¿Se acuerda ya?

ALEJO.– Sí.

LALI.– ¿Lleva prisa?

ALEJO.– No.

LALI.– *(Agarrándole del brazo y echándole para atrás.)* Pues, Alejo aléjate, que me atienda a mí primero, que yo sí que llevo mucha prisa.

PIEDAD.– ¿Cómo quieres la paciencia, embarazada o normal?

LALI.– ¿Cuál es más cara?

PIEDAD.– Mujer..., la embarazada, lógicamente, porque dentro de poco vas a tener ciencia, además de paciencia.

LALI.– ¿Y eso...?

PIEDAD.– ¿Es que no sabes que la paciencia es la madre de la ciencia?

LALI.– ¡Ah, sí! Sí que lo había oído, sí.

PIEDAD.– ¿Cómo te la doy entonces?

LALI.– No, no..., a mí dame la normal, que es más barata, yo no quiero ciencia.

(Piedad despacha a Lali y ésta se va como vino, como un torbellino, mientras Alejo permanece impasible.)

LALI.– Gracias. Adiós. Gracias, Alejo, te debo una, macho. *(Al salir, vuelve a hacer burla de él.)* ¡Alejo aléjate!

PIEDAD.– ¿Qué más quería usted, Alejo?

ALEJO.– ¿Tiene usted ganas de cachondeo?

PIEDAD.– Perdone, no se ofenda, como dijo que sí que era Alejo...

ALEJO.– Y lo soy.

PIEDAD.– Como dice usted "que si tengo ganas de cachondeo"...

ALEJO.– Claro, es que quiero "ganas de cachondeo", si es que tiene, claro.

PIEDAD.– ¡Aaahhh...! Sí que tengo, sí, y en oferta además. *(Le señala un cartel en el que se puede leer: "OFERTA. Si no lo veo no lo creo, por solo 3 euros..., 3 kilos de ganas de cachondeo".)* ¿Cuánto quería?

ALEJO.– Mucho.

PIEDAD.– ¿Le pongo los tres kilos de la oferta?

ALEJO.– O más...

PIEDAD.– Pues le pongo seis. Vamos, que en cuatro días..., va a ser usted un cachondo mental.

ALEJO.– ¿Qué le debo?

PIEDAD.– *(Echando la cuenta.)* Pues son..., veinte euros justos.

ALEJO.– ¿Justos...?.¡Injustos!, diría yo. Que tienda más cara. *(Paga y se marcha.)* Adiós.

PIEDAD.– Adiós, señor. *(Cuando ya ha salido Alejo, Piedad imita a Lali)*. ¡Alejo aléjate!

(Vuelve a coger el plumero y a canturrear. Se abre la puerta y entra un hombre con la cabeza vendada, un brazo escayolado y toda la cara llena de moratones y heridas.)

PRUDENCIO.– Buenos días. ¿Tienen ustedes prudencia?

PIEDAD.– Sí, señor, y de muy buena calidad.

PRUDENCIO.– Pues me va a poner tres o cuatro kilos, a ver si puede ser, porque..., ¡vamos!, llevo ya seis hostias con el coche en lo que va de mes.

PIEDAD.– *(Asombrada.)* ¿Seissss...?

PRUDENCIO.– ¡Seis! Ya ve usted..., y eso que me llamo Prudencio. Si me llego a llamar "Imprudencio"..., ya me he matado.

PIEDAD.– Pues no se preocupe, que con la prudencia que le voy a dar no se va a volver usted a dar ni una sola hostia. Como no sea por culpa del otro..., claro.

PRUDENCIO.– A ver si es verdad. Por lo menos, si me mato, que me quede el consuelo de que no ha sido por mi culpa.

PIEDAD.– (*Dándoselo en una bolsa.*) Ya lo verá usted, es buenísima.

PRUDENCIO.– Por cierto, ya que estoy aquí, ¿tienen ustedes amistad?

PIEDAD.– Sí, señor, de la buena y de la mala.

PRUDENCIO.– ¡Ah...! Pero..., ¿la hay buena y mala?

PIEDAD.– Sí, claro.

PRUDENCIO.– ¿Y hay mucha diferencia de precio y de calidad?

PIEDAD.– ¡Buff...!, mucha. La buena es carísima porque escasea mucho, en cambio la mala es muy barata porque la hay en abundancia. Claro que la buena puedes estar tranquilo que no te va a abandonar nunca, ni en los peores momentos, y sabes que la tienes para toda la vida.

PRUDENCIO.– ¿Y la mala?

PIEDAD.– ¡Bueno...! La mala, en cualquier momento, te puede dejar colgado y, además, cuando más la necesites.

PRUDENCIO.– Entonces no me llevo ninguna, porque ahora ando mal de dinero, con tanta hostia con el coche, y la mala no merece la pena.

PIEDAD.– Como usted quiera.

PRUDENCIO.– Lo que sí me va a dar, si tiene, es avaricia.

PIEDAD.– ¿Cuánto le doy?

PRUDENCIO.– Mucha, cuanto más mejor..., toda la que tenga.

PIEDAD.– Bueno, por tener..., tengo un saco lleno.

PRUDENCIO.– Pues déme, démelo entero.

PIEDAD.– No faltaba más.

(Le da un saco lleno hasta arriba. Prudencio se queda mirando al saco.)

PRUDENCIO.– Pero, este saco está roto, ¿no tiene otro por ahí?, no sea que se me caiga por el camino.

PIEDAD.– Si es igual, aunque le de otro se va a romper también, ¿no ha oído usted el dicho..., "La avaricia rompe el saco"?

PRUDENCIO.– ¡Ah, sí...! Es verdad. Bueno, pues hasta luego y gracias.

(Se echa el saco al hombro, con cuidado de agarrar bien el roto para que no se le salga y se marcha. Al salir se cruza con un señor

muy trajeado y con una cartera grande que entra en ese momento. Es un representante.)

POLI.– Buenos días, Piedad. ¿Qué tal estamos?

PIEDAD.– ¡Hola!, muy bien, ¿y usted...? Perdone, no me acuerdo nunca cómo se llama...

POLI.– Apolinar, pero los amigos me llaman Poli, así que usted también puede llamarme Poli.

PIEDAD.– ¡No!, yo le llamo Apolinar, que es como se llama.

POLI.– Como quiera.

PIEDAD.– Perdone usted, pero odio que acorten los nombres.

POLI.– ¿Y eso por qué?

PIEDAD.– Por culpa de mi padre y de mi madre, que tenían la dichosa manía de acortar todos los nombres.

POLI.– Pues a usted no se le podían acortar mucho, porque Piedad...

PIEDAD.– Pues me lo acortaron. ¿Sabe usted como me llamaban...? ¡Pie!

POLI.– Hombre..., la verdad, no es un nombre muy apropiado para una chica.

PIEDAD.– Y a mi hermano Manolo, ¿sabe usted cómo le llamaban? ¡Mano!

POLI.– ¡Joder...!

PIEDAD.– Y ahí no está lo peor, nosotros al fin y al cabo nos podíamos dar con un canto en los dientes, porque..., ¿sabe usted como llamaban a mi hermano Ariano?

POLI.– ¿Ari...?

PIEDAD.– No, ¡Ano!

POLI.– ¡Coño!

PIEDAD.– Y a mi hermana, la pobre, ¿sabe usted como llamaban a mi hermana Dominga?

POLI.– Domi, supongo.

PIEDAD.– Pues no, ¡Minga!

POLI.– ¡Jodeeerrr...! Eso ya es a mala leche..., ¿eeeehh?

PIEDAD.– Así que..., como no me va a dar horror cuando acortan los nombres. Nos llamaban en el barrio, "los hermanos cuerpo humano".

POLI.– Sí, sí, la entiendo, la entiendo... Bueno, vamos a ver que es lo que le hace falta.

(Abre la cartera y saca un catálogo. Piedad saca un cuaderno y va mirando las cosas que tiene anotadas.)

PIEDAD.– Muchas cosas. Llevaba ya unos días esperándole.

POLI.– Pues vamos allá. Dígame. (*Coge una agenda y un bolígrafo y va anotando*).

PIEDAD.– Me va usted a dejar demagogia, que llevo ya muchos días sin nada.

POLI.– No, demagogia..., imposible, no tenemos nada ni en el almacén. No da tiempo a salir de fábrica cuando se llevan todo los partidos políticos.

PIEDAD.– ¡Vaya! Pues sí que empezamos bien. A ver, envidia, me tiene que mandar un par de sacos, que se vende muy bien.

POLI.– (*Anotando.*) Un par de saquitos de envidia... ¿Qué más?

PIEDAD.– Dos cajas de botellas de mala leche.

POLI.– Dos de mala leche...

PIEDAD.– Egoísmo. Mándeme todo lo que pueda, que eso me lo quitan de las manos.

POLI.– (*Sigue anotando.*) Mucho egoísmo...

(Entra Doña Rosario, una señora mayor con pinta de cotilla. Entra mirando a todos lados, como no queriendo perder detalle de nada.)

PIEDAD.– (*Bajito a Poli.*) Buenooo..., la mujer más cotilla de Europa.

POLI.– Sí que se le nota que tiene madera, sí.

PIEDAD.– Buenos días, doña Rosario, enseguida la atiendo.

ROSARIO.– Buenos días, hija.

(Piedad sigue mirando el cuaderno y, sin mirarla, le pregunta.)

PIEDAD.– ¿Que quería usted?

ROSARIO.– Piedad.

PIEDAD.– *(Sigue mirando el cuaderno.)* Si la oigo, si la oigo, ¿qué quería usted?

ROSARIO.– Piedad.

(Piedad levanta la cabeza, la mira y vuelve a mirar al cuaderno.)

PIEDAD.– Sí, sí, si la escucho..., ¿qué quería?

ROSARIO.– Piedad.

PIEDAD.– *(Empezando a molestarse.)* Doña Rosario, que la estoy escuchando, ¿qué quiere?

ROSARIO.– Piedad.

PIEDAD.– *(Yéndose hacia ella malhumorada.)* ¡Que la estoy oyendo, coño! ¿Qué quiere usted...?

ROSARIO.– Piedaad..., medio kilo.

PIEDAD.– ¡Aaaahhh...! Creía que me estaba llamando a mí. *(Se dispone a preparárselo.)*

ROSARIO.– Y este señor qué es, ¿un viajante?

(Piedad mira al cielo, como diciendo "ya empezamos".)

PIEDAD.– Sí, señora, sí.

ROSARIO.– ¿Cómo se llama usted, buen hombre?

PIEDAD.– Pero que más le da a usted, doña Rosario...

POLI.– Poli, señora, para servirla.

ROSARIO.– ¿De Polideportivo?

POLI.– No, señora, de Apolinar.

ROSARIO.– ¡Aaahh...! Poli, qué bonito, como el gato de mi vecina. Qué educado es usted, Poli. Seguro que ha estudiado con los curas, ¿a que sí?

POLI.– Pues sí, ha acertado, estudié con los salesianos.

ROSARIO.– Ve usted..., si a mí no se me escapa una. ¿Está usted casado?

PIEDAD.– Pero, doña Rosario..., ¿que más le da a usted...?

ROSARIO.– A mí que más me va a dar..., si es por darle conversación a este señor tan simpático.

POLI.– No, señora, soy soltero y sin compromiso.

ROSARIO.– Pues le tengo yo que apañar con una sobrina mía, muy maja; ya verá usted como le gusta. Porque..., ¿no será usted mariquita, verdad...?

(Poli se ruboriza y Piedad estalla.)

PIEDAD.– ¡Doña Rosario, ya está bien! ¿Quería usted algo más?

ROSARIO.– Sí, lo de siempre, dos kilitos de curiosidad.

PIEDAD.– Pero..., ¿más curiosidad?, pero..., no se lleve usted más por favor..., ¡si es usted la más cotilla del mundo...!

ROSARIO.– Hija, si es que me aburro. Y dámela buena, ¿eh?

(Piedad se lo prepara resignada.)

ROSARIO.– Oye..., ¿tienes "ganas de orinar"?

PIEDAD.– No, he orinado hace un ratito. ¿Por qué...?

ROSARIO.– Para vender, me refiero, no que si te estas orinando.

PIEDAD.– ¡Aaahh! No, señora, eso, supongo que en "Todo para el cuerpo".

ROSARIO.– Como he visto ahí una oferta de "ganas de cachondeo"..., y esto también son ganas...

PIEDAD.– Ya, pero "ganas de cachondeo" es un estado de ánimo y "ganas de orinar" es un problema físico.

ROSARIO.– Me lo vas a decir a mí, que es un problema físico... Si tengo la "melecina" que me va a reventar... ¡No orino desde hace una semana! Por eso digo, como tienes "ganas de cachondeo"..., a lo mejor también tienes "ganas de orinar", al fin y al cabo las dos cosas son "ganas".

PIEDAD.– Sí, pero hay "ganas"..., y "ganas"...

ROSARIO.– Y hablando de ganas..., ¿cuánto ganas?

PIEDAD.– *(Explotando.)* ¿Y a usted qué le importa? ¡Ya está bien! ¡Tía cotilla!

ROSARIO.– ¡Ay, por Dios...! Hija, ¡qué modales...! Me voy, me voy..., que no está hoy el horno para bollos. *(Coge su paquete de encima del mostrador y se marcha, pero antes de salir se vuelve de nuevo hacia Poli.)* Perdone, buen mozo, ese traje que lleva puesto, es de los caros..., ¿verdad?

PIEDAD.– ¡Esto ya es el colmo! ¡Váyase ya de una vez, tía cotilla!

ROSARIO.– *(Saliendo.)* ¡Ay, por favor, que geniecito...! Que no se le olvide dejarle educación, apúntelo usted, que a ella le hace mucha falta. *(Sale y vuelve a entrar.)* Ya le presentaré a usted a mi sobrina, verá... *(Piedad la corta, fuera de sí).*

PIEDAD.– ¡Que se vayaaaa...! *(Sale.)*

POLI.– Tenía usted razón, esa mujer es la campeona de Europa. ¡Vaya una mujer cotilla!

PIEDAD.– Bueno, a lo que íbamos, ya no me acuerdo ni lo que le tenía que pedir...

POLI.– Memoria, ¿le mando algo de memoria?

PIEDAD.– Sí, por favor, un par de cajas.

POLI.– ¿Le mando inteligencia?, que tengo una oferta muy buena.

PIEDAD.– No, que va, si tengo ahí todavía todo lo que me dejó la otra vez. Se vende fatal.

POLI.– ¿Tolerancia?

PIEDAD.– No.

POLI.– ¿Comprensión?

PIEDAD.– Tampoco. Tengo en oferta las dos cosas; con un kilo de tolerancia regalo uno de comprensión y..., ni así.

POLI.– Bueno, pues la dejo el catálogo y si se acuerda de algo me llama, ¿de acuerdo?

PIEDAD.– Vale. Se que me falta algo pero no me acuerdo, como no me quedaba memoria... Si no lo apunto, estoy perdida.

POLI.– Venga, pues hasta otro día.

(Le da la mano y se marcha. Entra Pichastro, un chico joven con pinta de "bacala".)

PICHASTRO.– ¿Qué passa, Piedad?

PIEDAD.– ¡Hombre, Pichastro...! Desde que no te veo...

PICHASTRO.– Oye, tronca, ¿tienes miedo?

PIEDAD.– ¡Mira lo que se me ha olvidado...! Pues no tengo, acaba de irse el representante y se me ha olvidado pedírselo.

PICHASTRO.– Me has hecho polvo tía... Es que voy a ver una película de Drácula..., y luego es un cortazo, tronca; to el mundo acojonao y yo descojonándome de risa porque no tengo miedo. El otro día fui a ver una del hombre lobo y, cada vez que salía el menda, to el mundo cagao de miedo y yo partiéndome el culo de ver la pinta que tenía el hombre lobo. Por poco me echa el acomodador.

PIEDAD.– Ahora llamo, pero hasta la semana que viene no creo que me llegue.

PICHASTRO.– ¡Joder...! Pues entonces voy a ver si me descambian la entrada para no dar la nota otra vez. Hasta luego tronca, me abro.

PIEDAD.– Adiós, Pichastro, lo siento hermoso.

(Se va a ir pero da la vuelta.)

PICHASTRO.– Oye, ¿no tendrás bolsitas de trolas?

PIEDAD.– No, y también se me ha olvidado pedirlas. Solo me quedan mentiras de las gordas.

PICHASTRO.– ¡No jodas...! Que solo las quiero pa gastar unas bromas a los colegas...

(Se va Pichastro. Al ratito entra un señor con los pantalones muy caídos)

NECLE.– Perdone, ¿tienen culo?

PIEDAD.– No, eso tiene que ser en "Todo para el cuerpo", dos manzanas más abajo.

NECLE.– Es que me tiene mi mujer loco, con que..., "que me compre culo", "que me compre culo"...

PIEDAD.– *(Le echa un vistazo.)* La verdad es que sí que tiene usted poco culo.

NECLE.– ¿Poco...? Mi mujer dice que, no es que tenga poco, es que debo, que debo culo, dice. En fin, voy a ver si lo encuentro para que me deje en paz. *(Se va a ir pero se vuelve de nuevo.)* Cola tampoco tienen, ¿verdad...?

PIEDAD.– Menos todavía.

NECLE.– Claro, si no tienen culo..., como van a tener cola.

PIEDAD.– En "Todo para el cuerpo", seguro que también lo tienen.

NECLE.– Pues voy a ver si mato dos pájaros de un tiro para que me deje en paz de una vez. ¿Usted sabe lo que es, un día si y otro también..., "cómprate culo, Necle..., cómprate culo"..., y "cómprate también cola, Necle, cómprate cola..."? ¿Usted sabe lo que es eso...? Todos los días tener que aguantar ese sonique-te... ¡Me voy a comprar culo y cola para aburrir! Aa ver si se calla ya.

(Piedad, que es más bien "lisita" de pecho, baja la cabeza, mirándoselo.)

PIEDAD.– Cómo no lo voy a saber..., si yo tengo que aguantar todos los días a mi novio con..., "cómprate tetas, Piedad..., cómprate tetas..."; todos los días la misma cantinela.

NECLE.– ¡Pues véngase usted conmigo y cómprese tetas con gana...!

PIEDAD.– (*Se queda pensativa y al momento reacciona.*) Tiene usted razón. Espéreme, que ahora mismo cierro y me voy con usted.

(Piedad coge las llaves y una rebeca y se va con Necle.)

PIEDAD.– Me voy a comprar unas tetas..., que voy a parecer una vaca.

NECLE.– Pues yo voy a parecer un borrico entero con culo de elefante.

(Salen.)

Se cierra el telón

Fin

TODO PARA EL CUERPO

PERSONAJES

Alberta
Piedad
Necle
Abelardo
Filomena
Ambrosio
Teófila
Liberio

(Se abre el telón. Decorados de una tienda sencilla, con un mostrador y estanterías repletas de cajas, botes y bolsas, un cartel grande, donde se puede leer "TODO PARA EL CUERPO", y carteles de "OFERTA", repartidos por toda la tienda. Colgado de la pared, hay un calendario del año 2105. Alberta, una señora de unos sesenta años, fea como ella sola, limpia el polvo con un plumero mientras canturrea: "No cambié, no cambié, no cambié..."(de Tamara). Suena la campanilla que hay colgada en la puerta de entrada y entran Piedad y Necle, los dos de unos treinta y tantos años de edad.)

PIEDAD.– Muy buenas.

ALBERTA.– Muy buenas.

NECLE.– Muy buenas.

ALBERTA.– Muy buenas.

PIEDAD.– ¿Tienen tetas?

ALBERTA.– Sí, muy buenas.

PIEDAD.– Muy buenas..., y..., ¿muy grandes?

ALBERTA.– Muy grandes y muy buenas.

PIEDAD.– Pues déme unas muy grandes y ..., muy buenas.

ALBERTA.– ¡Marchando!..., dos tetas muy grandes..., y muy buenas.

(Alberta busca una caja en las estanterías.)

NECLE.– *(A Piedad)*.- ¿Y aquí tienen de todo para el cuerpo?

PIEDAD.– Aquí hay de todo para ponerse guapo.

NECLE.– (*Bajando la voz y señalando con discreción a Alberta, que sigue buscando.)* Pues..., en casa del herrero..., cuchillo de palo.

PIEDAD.– (*Bajando también la voz.)* Bueno, ésta, la pobre, como no se vaya a Lourdes...

NECLE.– ¿Es que allí hay otra tienda mejor?

ALBERTA.– (*Que vuelve ya con una caja.)* Tenga, unas bien grandes y bien buenas. Pase usted ahí y se las prueba, si quiere.

(Piedad coge la caja y pasa con ella por la puerta de la trastienda.)

ALBERTA.– (*A Necle.)* ¿Y usted qué quería?

NECLE.– ¿Yo...? Culo..., ¿tienen ustedes culo?

ALBERTA.– Tenemos todo el culo que usted quiera y más. ¿Cuánto quería?

NECLE.– (*Se vuelve de espaldas y se agarra los pantalones por la parte del culo.)* Pues todo lo que haga falta para que se rellene bien esto.

ALBERTA.– Entonces le va a hacer falta bastante.

NECLE.– Bueno, que se rellene y quede bien apretado. Un culo bien lustroso, vamos.

ALBERTA.– *(Cogiendo una caja muy grande.)* Pues tenga usted éste, que viene con el papel higiénico de oferta, verá como va a quedar bien contento. (*Le da también un rollo de papel, tres veces más ancho de lo normal.)* ¿Se lo quieres usted probar?

NECLE.– No, no hace falta, me fío de su experiencia. No le saldrán almorranas, ¿verdad...?, porque es que yo, hasta ahora, siempre he tenido más almorranas que culo.

ALBERTA.– No se preocupe, es de primerísima calidad y viene con todos los extras. Tiene hasta silenciador.

NECLE.– ¿Silenciador?

ALBERTA.– Sí, sí, por si se le escapa a usted alguna pluma..., que no le delate.

(Aparece Piedad con unas tetas enormes.)

ALBERTA.– ¿Qué, qué tal?

PIEDAD.– Bien, bien. Se va a poner mi novio más contento que unas pascuas.

NECLE.– ¡Jolines!, desde luego que sí.

PIEDAD.– ¿Agarrarán bien?

ALBERTA.– No se preocupe, agarran a la primera y no dejan ni la más mínima señal.

PIEDAD.– ¡Qué adelantos! Si levantaran la cabeza aquellas que se metían silicona y tenían que aguantar dolorosas operaciones.

ALBERTA.– Eso si no se les reventaban, como a una que creo que se le reventó una teta al subir a un avión.

PIEDAD.– Bueno, pues dígame qué le debo.

ALBERTA.– ¿No es usted la de la tienda de "Todo para el alma"?

PIEDAD.– Sí, señora, soy yo.

ALBERTA.– Si estaba yo diciendo: "Yo creo que es ella...", pero no estaba segura de que era usted.

PIEDAD.– Pues sí ,señora, soy yo.

ALBERTA.– Ya, ya, ahora que me lo ha dicho ya sí que sé que es usted, pero antes no estaba segura si lo era o no lo era.

PIEDAD.– Pues antes también era yo.

ALBERTA.– Ya, claro. Si me estaba pareciendo, pero como no me ha dicho usted nada...

PIEDAD.– Y a mí me estaba pareciendo que a usted le estaba pareciendo, pero como usted no me decía nada...

ALBERTA.– Bueno, yo no la he dicho nada porque usted no me ha dicho nada.

PIEDAD.– Y yo no la he dicho nada porque usted no me ha dicho nada.

ALBERTA.– Es que ha entrado usted, y como no me ha dicho nada..., pues digo "a lo mejor no es ella".

PIEDAD.– Yo es que, como he entrado y usted ya estaba aquí y no me ha dicho nada, digo "no sabrá que soy yo o hace con que no lo sabe".

ALBERTA.– Ya, pero es que usted sí que sabía seguro que era usted, pero yo no lo sabía de seguro, por eso al no decirme nada usted...

PIEDAD.– Pero yo no sabía que usted no sabía de seguro que era yo, por eso, al no decirme usted nada, yo no sabía si usted sabía que era yo y no me quería decir nada o es que no sabía que era yo y por eso no me decía nada...

(Necle, que contempla estupefacto la conversación de las dos mujeres, no tiene más remedio que saltar.)

NECLE.– Siento cortarles esta conversación tan "trascendente", pero, ¿podrían dejarla para otro día?

PIEDAD.– ¡Ala! sí, que le estamos entreteniendo a este señor. Verá como el próximo día que venga sí que la saludo.

ALBERTA.– No, el próximo día que venga, verá como sí que la saludo yo a usted.

PIEDAD.– No, la saludaré yo primero.

ALBERTA.– No, no, la saludaré yo primero, no faltaba más.

NECLE.– (*Cortándolas.*) ¡Bueno...! Se saludan mutuamente.

PIEDAD.– ¿Qué le debo?

ALBERTA.– Déjelo, tengo yo que ir a su tienda a por cosas; ya ajustaremos cuentas.

PIEDAD.– Vale, pues adiós. (*A Necle.*) Adiós señor, que le vaya bien el culo.

NECLE.– Adiós, igualmente, y a usted las tetas.

ALBERTA.– ¿Quería usted algo más?

NECLE.– Cola también tienen, ¿verdad...?

ALBERTA.– Sí, claro.

NECLE.– ¿A como están?

ALBERTA.– Hombre, depende... ¿La quiere usted buena?

NECLE.– Sí claro, y grande, si no..., ¿ para que me la voy a cambiar?

ALBERTA.– Pues de la buena, a veinte euros el centímetro.

NECLE.– ¡Jolines! Entonces..., me parece que me la voy a llevar más corta de lo que quería. Con la vieja se quedarán ustedes, ¿no...?, para rebajar un poco el precio.

ALBERTA.– No, señor. Lo siento, pero es que las colas de segunda mano..., luego se venden muy mal. Y más, que la suya será chica, seguro, ¿noo...?

NECLE.– No se crea, más que chica..., vaga. Pero esta nueva, ¿eeh...?

ALBERTA.– Pero está usada, y las usadas luego no las quiere nadie..., ¡sabe Dios donde habrán estado!

NECLE.– Pues nada, me la quedaré de repuesto. Déme una de quince centímetros por favor.

ALBERTA.– ¡Marchando! (*Se acerca a la estantería, elige una de las cajas y se la trae.*)

NECLE.– Tendrá garantía, ¿no?

ALBERTA.– Sí, sí, dos años. Va dentro de la caja. En cuanto la pruebe usted, si funciona bien, me la trae para que se la selle.

NECLE.– Instalar, ¿lo instalan ustedes?

ALBERTA.– No, señor, eso ya tiene que llamar a un técnico. Nosotros solo instalamos cuando son muchas cosas o muy complicadas. ¿Alguna cosita más?

NECLE.– Sí, quería también un huevo.

ALBERTA.– No, lo siento, de eso aquí no tenemos, eso tiene que ser en una tienda de comestibles.

NECLE.– No señora, si no es de los que se comen, quiero decir..., "un cataplín".

ALBERTA.– ¡Aaahhh...!, un "cojón"; pero tienen que ser dos, sólo se venden por parejas, con bolsa y todo.

NECLE.– ¿Y eso...?

ALBERTA.– Porque si se venden sueltos, lo mismo luego no congenian. Tiene que ser que se conozcan de toda la vida.

NECLE.– ¿Y cuánto vale la pareja?

ALBERTA.– De los buenos 60 euros. La bolsa se la regalamos.

NECLE.– No, si yo la bolsa la tengo nueva, y el izquierdo también. Es el derecho el que me falla. En fin, démelo; me quedaré con la bolsa vieja para hacerme un monedero. Y el izquierdo, que está nuevecito, ¿no le querrán ustedes tampoco, verdad...?

ALBERTA.– No, señor, ya le digo que estas cosas de segunda mano no se venden, y menos sueltos.

NECLE.– *(Se dispone a pagar.)* Vaya un dineral que me voy a dejar, ya me podía regalar usted algo.

ALBERTA.– ¿Tiene usted niños pequeños?

NECLE.– Sí, uno de tres años.

ALBERTA.– *(Va a la estantería, coge una cajita pequeña y se la da.)* Pues tenga, una pichorrilla con seguro, para que no se pueda orinar en la cama.

NECLE.– ¡Vaya...! Muchas gracias.

(Se abre la puerta y entra un hombre muy alterado, que anda un poco abierto de piernas y con cierta dificultad.)

ABELARDO.– Vengo a devolver la cola que me dio usted ayer.

ALBERTA.– De eso nada, Santa Rita Rita..., lo que se da no se quita. Esa cola no tenía garantía.

ABELARDO.– ¡Ya me está usted devolviendo mi dinero!

ALBERTA.– ¿Pero qué dice usted...? Haga el favor de comportarse con un poco de educación.

ABELARDO.– *(Baja un poco el tono de voz, pero sigue muy indignado.)* Esa cola que me dio usted es un timo. Muy grande, muy grande..., pero no vale para nada.

ALBERTA.– Ya le advertí que una cola tan grande a ese precio no ofrecía ninguna garantía, pero usted me dijo: "borrico grande, ande o no ande", así que, si ahora no anda..., no me eche usted a mí las culpas.

ABELARDO.– Es que, no es que no ande..., ¡es que ni se inmuta! Devuélvame usted el dinero o presento una denuncia en la oficina de consumo.

ALBERTA.– Como si la presenta usted en la oficina de turismo. ¡Largo de aquí!..., o llamo a la policía.

ABELARDO.– *(A Necle que observa toda la escena en silencio.)* No se le ocurra a usted comprar aquí, que le timan.

ALBERTA.– *(Cogiendo un palo de detrás del mostrador.)* ¡Fuera de aquí!

ABELARDO.– *(Retrocede para irse.)* Si ya me voy..., ¡tía fea! Más valiera que se cambiara usted ese careto.

ALBERTA.– ¡Anda con Dios..., picha inútil!

(Abelardo se va. Necle se queda receloso.)

NECLE.– ¿No pasará lo mismo con la mía?

ALBERTA.– No se preocupe, puede usted estar bien tranquilo que la suya es de garantías. Lo que no puede ser es quererse comprar una cola de medio metro, a sesenta céntimos el centímetro y pretender que te salga buena encima...

NECLE.– Pues hasta luego.

ALBERTA.– Adiós señor, que la disfrute con salud muchos años.

NECLE.– Gracias, y usted que lo vea... Bueno..., no, que lo vea no..., que lo sepa. Ya le traeré la garantía para que me la selle, si funciona bien.

ALBERTA.– Eso es.

(Se va Necle. Alberta se queda ordenando las estanterías. Entra una clienta nueva, Filomena. Tiene unos cuarenta y tantos años, unas tetas gordísimas y anda un poco encorvada hacia delante.)

FILOMENA.– Buenas tardes.

ALBERTA.– Muy buenas. ¿Qué quería?

FILOMENA.– ¿Que qué quería...? ¡Quitarme esto de una puñetera vez! (*Tocándose las tetas.*) ¿Tiene usted por ahí tetas chicas?

ALBERTA.– Sí, sí... Está visto que nadie está conforme con lo que tiene... Acaba de irse una señora que las tenía pequeñas y se ha llevado unas como las suyas.

(*Entra Ambrosio, un cabezón de los de padre y muy señor mío.*)

AMBROSIO.– Buenas tardes.

LAS DOS.– Muy buenas.

FILOMENA.– (*Mientras mira a Ambrosio con curiosidad.*) Pues no sabe esa lo que la espera...

AMBROSIO.– (*Extrañado.*) ¿Quién?

FILOMENA.– No, si le digo aquí, a la señora.

AMBROSIO.– ¡Aah...!

FILOMENA.– Si me tienen "baldá"... ¿Usted sabe lo que pesa esto, aquí delante...? Si me tienen la espalda echa polvo... Si me quedo con ellas, dentro de poco voy a parecer una garrota. (*Se encorva más aún para escenificarlo.*)

ALBERTA.– ¿Tanto le pesan?

FILOMENA.– ¿Qué si me pesan...? Con decirle que hace un rato me he encontrado un billete de diez euros en la calle y no lo he cogido, porque si me agacho a por él..., me caigo de boca.

AMBROSIO.– Perdonen que me meta en la conversación, pero yo la entiendo perfectamente, porque a mí me pasa lo mismo con la cabeza, y más que a usted todavía.

FILOMENA.– ¿Máááss...?

AMBROSIO.– Mucho más. El día de mi boda, como yo quería mucho a mi novia, cuando me preguntó el cura: "¿quieres por esposa a Sérvula?" , le dije que sí con tantas ganas, que me di una voltereta. El cura se pegó un susto...

FILOMENA.– Diga usted que sí, que estas cosas tan gordas por la parte de arriba no traen nada más que problemas.

ALBERTA.– Bueno, también tienen sus ventajas, porque sus hijos habrán estado bien alimentados, por lo menos seis meses.

FILOMENA.– ¿Mis hijos...? Y el bloque entero cada vez que he parío... Pero ya, a estas alturas, no dan ni calostros. Así que déme unas pequeñas y éstas, si las quiere, se queda usted con ellas para hacer chorizos.

ALBERTA.– ¿Qué talla quiere, tamaño medio melón...?

FILOMENA.– ¡Más pequeñas!

ALBERTA.– ¿Tamaño naranja?

FILOMENA.– Más pequeñas, más pequeñas...
ALBERTA.– ¿Tamaño huevo?

FILOMENA.– Sí, pero frito.

ALBERTA.– Bueno, pues le doy las más pequeñas que tengo. (*Va hacia la estantería coge una cajita muy plana y se la da.*) Son sólo diez euros.

FILOMENA.– (*Saca el monedero y paga.*) Tenga. ¿Quiere usted quedarse con éstas?

ALBERTA.– No, gracias. Pero aquí al lado hay un burguer que seguro que se las compran al peso.

FILOMENA.– Pues ahora mismo voy, a ver si me salen gratis las nuevas. (*Sale.*)

ALBERTA.– ¿Y usted qué quería?

AMBROSIO.– ¿Qué voy a querer...? Quitarme de encima este problema tan gordo que llevo aquí arriba. (*Señalándose la cabeza.*)

ALBERTA.– La verdad es que sí que tiene usted una buena chola.

AMBROSIO.– Pues ya la tengo más pequeña, si usted me hubiera visto de chico...

ALBERTA.– ¿La tenía más gorda que ahora ?

AMBROSIO.– ¡Buf...! Mucho más. Me llamaban Naranjito, como la mascota aquella del mundial de fútbol, ya sabe usted. Con decirle que me tenía que meter el hula-hop por los pies...

ALBERTA.– No me diga... No sería para tanto.

AMBROSIO.– ¿Qué no...? Fíjese como sería, que, cuando iba al peluquero, en vez de cobrarme por corte de pelo como a todas las personas normales, me cobraba por horas, porque decía que conmigo echaba la tarde.

ALBERTA.– ¿Tan gorda la tenía?

AMBROSIO.– ¡Buff! No se puede usted imaginar. Lo que pasa es que seguí un tratamiento y me encogió mucho. Pero de aquí ya no hay quién la haga bajar más, así que hay que tomar medidas drásticas, una nueva y ya está.

ALBERTA.– Supongo que sólo quiere lo que es la pelota de arriba, el casco, vamos.

AMBROSIO.– No, no, toda entera nueva.

ALBERTA.– ¿Pero no quiere rescatar nada..., las orejas, la nariz, los ojos...?

AMBROSIO.– Nada, nada, todo nuevo y a tomar por culo. Nada de chapuzas. Nueva total, con todos los extras. Y, sobre todo, chiquitita, que me valga hasta la gorra de mi sobrino, que tiene seis años.

ALBERTA.– Sí, pero como sea tan cabezón como el tío...

AMBROSIO.– No, no, ese la tiene normal.

ALBERTA.– Le advierto que le va a salir a usted carísima, sobre todo por la instalación, que es muy delicada. Ya sabe usted..., por el cerebro y todo eso.

AMBROSIO.– Es igual, me cueste lo que me cueste. Ya estoy harto de ser cabezón.

ALBERTA.– Bueno, pues déme sus datos porque esto hay que encargarlo y tienen que ir a su casa a montársela.

AMBROSIO.– Vale, vale.

ALBERTA.– (*Coge un bolígrafo y va anotando los datos.*) A ver, nombre y apellidos.

AMBROSIO.– Ambrosio Cabeza Buque.

ALBERTA.– (*Levanta un poco la cabeza y le mira asombrada.*) ¡Jolines! Parece que le han puesto los apellidos "a mala leche". ¿Domicilio?

AMBROSIO.– Calle Cabeza de Vaca 25, 1º derecha.

ALBERTA.– (*Vuelve a levantar un poco la cabeza y la mueve hacia un lado en actitud de asombro.*) ¿Municipio?

AMBROSIO.– Cabezón de la Sal.

ALBERTA.– ¡Jodeeerrr...!

AMBROSIO.– Vaya coincidencia, ¿verdad?

ALBERTA.– ¿Coincidencia...? ¡Lo suyo parece una maldición! ¿Teléfono de contacto?

AMBROSIO.– Espere, que no me lo sé de cabeza. (*Saca la cartera y busca en ella un papelito donde lo lleva apuntado.*)

ALBERTA.– O sea que, además de gorda..., hueca.

AMBROSIO.– Sí, además tiene mala memoria la jodía. Aquí está, apunte: 600 000 006.

ALBERTA.– Pues tampoco es tan difícil de retener, ¿eeeh...? En un par de días, aproximadamente, pasarán a montarle su nueva chola. Allí le pasarán ya la factura.

AMBROSIO.– Muchas gracias. Que pasen lo antes posible, por favor. Ya estoy impaciente.

(Sale. Entra una señora muy emperifollada, con abundantes y abultadas joyas.)

ALBERTA.– ¿Qué desea la señora?

TEÓFILA.– ¡Buff! Un montón de cosas. *(Saca una lista del bolso.)* A ver, vaya anotando. Lo primero una cola de lo mejor que tenga.

ALBERTA.– *(Extrañada.)* ¿Para usted...?

TEÓFILA.– No, señora, para mi marido, todo lo que le voy a pedir es para mi marido.
ALBERTA.– ¿Y no sería mejor que viniera él?

TEÓFILA.– ¿Para qué va a venir aquí ese "boldregas", si quién parte el bacalao en mi casa soy yo. ¿Quién se cree usted que le compra los pantalones y las camisas..., y hasta los calzoncillos?

ALBERTA.– Mujer, pero no es lo mismo comprar una camisa..., que una cola. En fin, lo que usted mande. ¿Cómo la quiere?

TEÓFILA.– De unos treinta centímetros.

ALBERTA.– (*Asombrada.*) ¿Treinta centímetros...?

TEÓFILA.– Sí, sí, no hace falta que sea muy grande.

ALBERTA.– (*Va anotando lo que le pide.*) Cola..., de treinta..., centímetros..., de la mejor..., calidad. ¿Qué más?

TEÓFILA.– Dos sobacos, que no suden y, sobre todo, que no huelan, porque no veas como le canta el alerón al desgraciao...

ALBERTA.– (*Sigue anotando.*) Dos axilas..., insudables..., e..., inodoras. ¿Más?

TEÓFILA.– Un buen culo, que no sea muy grande pero que sea bien durito.

ALBERTA.– Un ..., culito..., bien ..., prieto.

TEÓFILA.– ¡Ah! Y que no ventosee, que el que tiene ahora parece una metralleta.

ALBERTA.– No, si ya vienen con silenciador.

TEÓFILA.– No, no, por Dios, sin silenciador. Si lo de menos es el ruido..., lo peor es el olor. El ruido por lo menos te avisa y huyes. Pero, si le pone usted un silenciador y te pilla de improviso..., puede ocurrir una desgracia.

ALBERTA.– Bueno pues le pido uno con estrangulador de pedos. Lo que pasa es que estos pueden ocasionar problemas intestinales.

TEÓFILA.– ¡Que se joda!

ALBERTA.– Más cosas...

TEÓFILA.– Una cabeza rubia, con los ojos azules y una cara bien guapa.

ALBERTA.– Le advierto que todo esto le va a salir a usted carísimo.

TEÓFILA.– No importa, me acaba de tocar la primitiva y lo primero es reformar el esperpento que tengo en casa.

ALBERTA.– Y digo yo... ¿No sería mejor que le mande un señor nuevo con todas esas cosas que usted quiere?

TEÓFILA.– ¡Oiga, señora! que yo soy una mujer decente y fiel a mi marido.

ALBERTA.– No, si lo decía porque a lo mejor le sale más barato uno nuevo; como le vamos a cambiar todo...

TEÓFILA.– No, todo no, las pestañas las tiene muy bonitas, y las uñas de los pies también.
ALBERTA.– Bueno, más cosas...

TEÓFILA.– Casi mejor que se lleven de lo mejor de todo cuando vayan a montárselo y sobre la marcha vemos ya lo que le hace falta más. ¿Para cuándo irán a montárselo?, que ya estoy deseando estrenarlo.

ALBERTA.– En cuatro o cinco días.

TEÓFILA.– ¿Y si yo le doy a usted mil euros de propina?

ALBERTA.– Mañana por la mañana están allí, como me llamo Alberta.

TEÓFILA.– *(Sacando una tarjeta del bolso.)* Pues tenga una tarjeta con mi dirección y hasta mañana.

ALBERTA.– Adiós, Doña...

TEÓFILA.– Teo.

ALBERTA.– ¡Anda...! Se llama usted Teodora, como mi madre.

TEÓFILA.– No señora, Teófila, como la mía. *(Se va.)*

ALBERTA.– *(Da un salto.)* ¡Yeeeepa! Mil euros de propina que me voy a ganar. Esto hay que celebrarlo. Ahora mismo me voy a la tienda de "Todo para el alma" a comprarme dos kilos de ganas de cachondeo.

(Se quita la bata y se pone una rebeca. Se abre la puerta y entra un viejecito, encorvado y con garrota.)

ALBERTA.– Pero Liberio..., ¿dónde vas a estas horas, Liberio?

LIBERIO.– A por una próstata nueva, que la vieja la tengo ya "jodía".

ALBERTA.– Pero hombre, Liberio, a tu edad tienes ya "jodía" hasta la boina. Tú te vienes ahora mismo conmigo de cachondeo.

LIBERIO.– Pero si yo no tengo ganas de cachondeo.

ALBERTA.–Eso tiene arreglo, ahora mismo nos vamos a comprar dos kilos para cada uno, invito yo.

LIBERIO.– Pero, ¿y la próstata?

ALBERTA.– No te preocupes que luego te voy a regalar una que vas a mear todos los días como un reloj.

LIBERIO.– ¡Y una cola! Me tienes que regalar también una cola nueva.

ALBERTA.– Pero Liberio, ¿para que quieres tú ya una cola nueva, a tus años?

LIBERIO.– Es que con esta me meo los zapatos.

ALBERTA.– Vaaaale..., no te preocupes, te voy a regalar una..., ¡que te vas a mear la corbata!

(Salen.)

Se cierra el telón

Fin

ÍNDICE

www.ingramcontent.com/pod-product-compliance
Lightning Source LLC
La Vergne TN
LVHW020010170826
845677LV00022B/1999